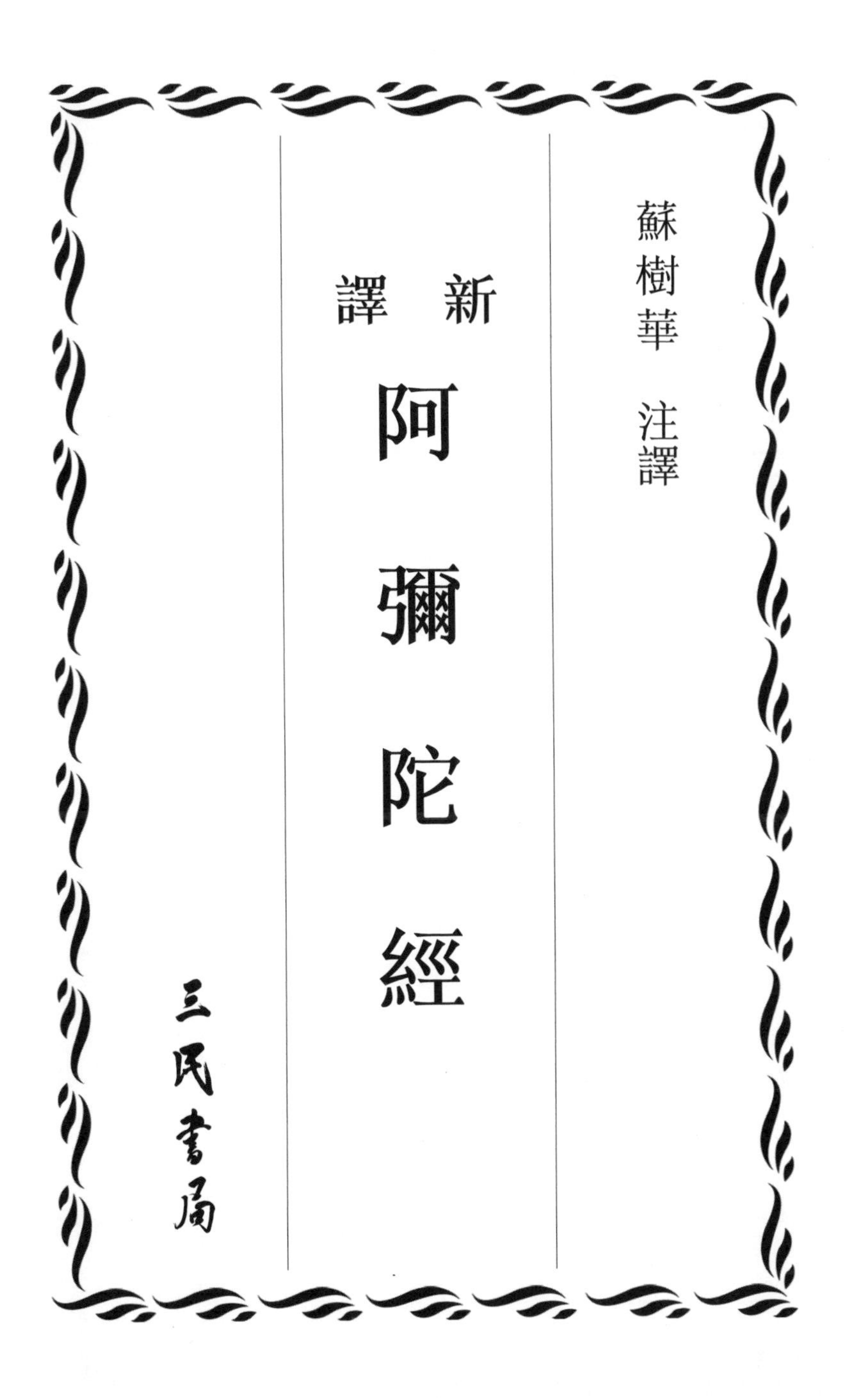

蘇樹華 注譯

# 新譯 阿彌陀經

三民書局

國家圖書館出版品預行編目資料

新譯阿彌陀經／蘇樹華注譯. －－初版二刷. －－臺北市：三民，2022
面；　公分. －－(古籍今注新譯叢書)

ISBN 978-957-14-6490-9（平裝）
1. 方等部

221.34　　107017368

古籍今注新譯叢書
新譯阿彌陀經

注譯者　蘇樹華
發行人　劉振強
出版者　三民書局股份有限公司
地址　臺北市復興北路 386 號 ( 復北門市 )
　　　臺北市重慶南路一段 61 號 ( 重南門市 )
電話　(02)25006600
網址　三民網路書店 https://www.sanmin.com.tw

出版日期　初版一刷 2019 年 1 月
　　　　　初版二刷 2022 年 4 月
書籍編號　S033940
ISBN　978-957-14-6490-9

著作權所有，侵害必究
※ 本書如有缺頁、破損或裝訂錯誤，請寄回敝局更換。

三民書局

# 刊印古籍今注新譯叢書緣起

劉振強

人類歷史發展，每至偏執一端，往而不返的關頭，總有一股新興的反本運動繼起，要求回顧過往的源頭，從中汲取新生的創造力量。孔子所謂的述而不作，溫故知新，以及西方文藝復興所強調的再生精神，都體現了創造源頭這股日新不竭的力量。古典之所以重要，古籍之所以不可不讀，正在這層尋本與啟示的意義上。處於現代世界而倡言讀古書，並不是迷信傳統，更不是故步自封；而是當我們愈懂得聆聽來自根源的聲音，我們就愈懂得如何向歷史追問，也就愈能夠清醒正對當世的苦厄。要擴大心量，冥契古今心靈，會通宇宙精神，不能不由學會讀古書這一層根本的工夫做起。

基於這樣的想法，本局自草創以來，即懷著注譯傳統重要典籍的理想，由第一部的四書做起，希望藉由文字障礙的掃除，幫助有心的讀者，打開禁錮於古老話語中的豐沛寶藏。我們工作的原則是「兼取諸家，直注明解」。一方面熔鑄眾說，擇善而從；

一方面也力求明白可喻，達到學術普及化的要求。叢書自陸續出刊以來，頗受各界的喜愛，使我們得到很大的鼓勵，也有信心繼續推廣這項工作。隨著海峽兩岸的交流，我們注譯的成員，也由臺灣各大學的教授，擴及大陸各有專長的學者。陣容的充實，使我們有更多的資源，整理更多樣化的古籍。兼採經、史、子、集四部的要典，重拾對通才器識的重視，將是我們進一步工作的目標。

古籍的注譯，固然是一件繁難的工作，但其實也只是整個工作的開端而已，最後的完成與意義的賦予，全賴讀者的閱讀與自得自證。我們期望這項工作能有助於為世界文化的未來匯流，注入一股源頭活水；也希望各界博雅君子不吝指正，讓我們的步伐能夠更堅穩地走下去。

# 自序

彌陀即自性，自性即彌陀。彌陀與自性，名異而實同。《觀無量壽佛經》云：「是心作佛，是心是佛。」（《大正藏》第十二冊，第三四三頁上。）蓮池大師云：「自性彌陀，惟心淨土，為一經大旨也。」（《阿彌陀經疏鈔》卷二。《卍續藏》第二十二冊，第六二四頁上。）延壽大師云：「欲發心入道，先須識自本心。心者，萬法眾生之本，三世諸佛、十二部經之宗。雖即觀之，不見其形，應用自在，所作無礙，洞達分明，了了無異。若未識者，以信為先。信者信何物？信心是佛。無始無明，輪回生死，四生六道，受種種形，只為不敢認自心是佛。若能識自心，心外更無別佛，佛外無別心，乃至舉動施為，更是阿誰？除此心外，更無別心。若言別更有者，汝即是演若達多，將頭覓頭，亦復如是。千經萬論，只緣不識自心。若了自心本來是佛者，一切唯假名，況復諸三有？」（《宗鏡錄》卷九十八。《大正藏》第四十八冊，第九四三頁中。）又云：「若人信自心是佛，此人所有言說，當能轉法輪。若人不信自心是佛，此人所有言說，皆是謗方等大乘。」（《宗鏡錄》卷九十八。《大正藏》第四十八冊，第九四二頁中下。）蕅益大師云：「求之三教，不若求于自心。自心者，三教之源，三教皆從此心施設。苟無自心，三教俱無。苟昧自心，三教俱昧。苟知此心而擴充之，何患三教不總歸陶鑄也哉。心足以陶鑄三教，乃名能盡其性，亦能盡人物之性。」（《靈峰蕅益大師宗論》卷第七。《嘉興藏》第三十六冊，第三八六頁中。）達摩大師云：「從無始曠大劫以來，乃至施為運動，一切時中，一切處所，皆是汝本心，皆是汝本佛。即心是佛，亦復如是。除此心外，終無別佛可得。離此心外，覓菩提涅槃，無有是處。」（《少室六門》。《大正藏》第四十八冊，第三七三頁中。）惠能大師云：「本性是佛，離性無別佛。」（《六祖大師法寶壇經》。《大正藏》第四十八冊，第三五〇頁上。）弘忍大師云：「三世諸佛，皆從心性中生。先守真心，妄念不生，我所心滅，後得成佛。故知守本真心，是三世諸佛之祖也。」（《最上乘論》。《大正藏》第四十八冊，第三七八頁上。）黃檗大師云：「心即是佛，更無別佛，亦無別心。」（《傳心法要》。《大正藏》第四十八冊，第三八〇頁上。）

自心是佛，念佛念何？念佛即念自性，念自性即念佛。除此自性外，向外念佛，著相念他，是人行邪道，不能見如來。《金剛經》云：「若以色見我，以音聲求我，是人行邪道，不能見如來。」延壽大師云：「十方諸佛，同一法身。若欲念外施功，心外求佛，便落他境，無有得時，遂即前後情生，凡聖緣起，徒經時劫，枉用功夫。」（《宗鏡錄》。《大正藏》第四十八冊，第五四〇頁下。）延壽大師又云：「求經覓佛，不如將理勘心。若勘得自心，本自清淨，不須磨瑩，本自有之。不因經得，何乃得知？經云，修多羅教，如標月指。若復見月，了知所標。若能如是解者，一念相應，即名為佛。」（《宗鏡錄》卷九十八。《大正藏》

第四十八冊，第九四三頁下。）蓮池大師云：「念空真念，生入無生。念佛即是念心，生彼不離生此。心佛眾生一體，中流兩岸不居。故謂自性彌陀，唯心淨土。」（《阿彌陀經疏鈔》卷一。《卍續藏》第二十二冊，第六〇六頁中。）蕅益大師云：「夫念佛者，豈有他哉？以此緣生無性之一念，念彼緣生無性之一念耳。」（《靈峰蕅益大師宗論》卷二。《嘉興藏》第三十六冊，第二九二頁下。）緣生無性之一念，即自性妙體也。無性緣生之佛名，即彌陀聖號也。這分明是說，念佛的即是佛，觀音的即是佛。念佛的是誰？觀音的是誰？唯此一心，常寂不動，聲聲佛號，皆從此出。聲聲佛號，滅歸於此。自性即佛，佛即自性。不念自性，著相念他，是人外求，即名外道。憨山大師云：「念佛者，即是念自心也。若心淨，則佛土淨。」（《憨山老人夢遊集》卷第十五。《卍續藏》第七十三冊，第五六三頁上。）

往生淨土，即是回歸自性。回歸自性，即是往生淨土。《維摩經》云：「欲得淨土，當淨其心。隨其心淨，則佛土淨。」（《大正藏》第十四冊，第五三八頁下。）蓮池大師云：「彌陀即自性彌陀，所以不可不念。淨土即惟心淨土，所以不可不生。」又云：往生淨土，即是「生于自心，故不往而往，名為往生。」（《阿彌陀經疏鈔》卷四。《卍續藏》第二十二冊，第六六八頁上。）六祖惠能云：「自性不歸，無所歸處。」蕅益大師云：「念自性彌陀，生唯心淨土。合觀之，是心作佛、是心是佛、心外無佛、佛外無心之義明矣。」（《淨土十要》卷一。《卍續藏》第六十一冊，第六五九頁上。）又云：「世之昧者，猶以為自性彌陀非即樂邦教主，惟心淨土不在十萬億西，妄認六塵緣影為自心相，全不知十方法界，一一無非即心自性也，可不哀哉！」（《淨土十要》卷七。《卍續藏》第六十一冊，第七〇一頁下。）蕅益大師告訴我們，自性彌陀，即樂邦教主，惟心淨土，即十萬億西，十方世界，即自心性。離此心性妙體，妄認六塵緣影，是自昧自性也。自性本是常寂光，自性本是無量壽。自性本是大光明，自性本是極樂國。往生淨土，即往生自性也，即回歸自性也。若是往生他方，若是往生別處，即是迷頭認影，即是馳狂外走。

向外喊他，外道之行。往生別處，宇宙幽魂。彌陀即在當下，淨土遍滿十方。一色一香，盡是真佛。在在處處，無非自己。自己是誰？只是這清淨無染的自性，只是這空明朗淨的妙體。諸佛祖師，歷代聖賢，說彌陀，說眾生，說聖賢，說凡夫，說此岸，說彼岸，皆圍繞著回歸自性而建立教化。

《新譯阿彌陀經》一書，不離自性而說彌陀，不離自性而說淨土。若人依名而判，定說此書是禪的，而不是淨宗的。為免誤解，故於書中，凡是指示要點，闡釋要義，皆引祖師之言，作為理論依據。淨宗祖師云：「自性彌陀，惟心淨土」，「念佛即是念心」，「千經萬論，若顯若密，皆直指人心，見性成佛。除此心外，更無所詮」。（《靈峰蕅益大師宗論》卷三。《嘉興藏》第三十六冊，第三一八頁下。）淨宗祖師的言教，還「是禪非淨」麼？禪是佛心，豈能不淨？淨是本來，豈能不禪？禪淨二名，唯是一實。若論行門，持名念佛，乃對治之法，「以毒攻毒」，以「念一佛名，換彼百千萬億之雜念」。如此念佛，直下念去，直至能所雙亡，方至門前。門前一腳，只要不倒勾，只要不斜腳，便能破門而入。入得此門，哪有禪淨二名？唯此一事實，餘二皆非真。這裡是淨土，這裡是禪心，這裡是中道，這裡是至善，這裡是極樂，這裡是無為。古今中外，一切聖賢，皆指這裡。釋迦佛云：「一切賢聖，皆以無為法而有差別。」西方有聖人，東方有聖人，此心同，此理同。悟此一心，證此一理，即是《佛說阿彌陀經》的宗旨。

蘇樹華

二〇一八年十二月十七日於曲阜師範大學

# 新譯阿彌陀經　目次

## 經文附錄



## 附　錄

# 導讀

## 辨版本

《佛說阿彌陀經》有三種譯本。一是姚秦鳩摩羅什法師譯的《佛說阿彌陀經》。二是南朝宋時求那跋陀法師譯的《小無量壽經》，今已失傳。三是唐玄奘法師譯的《稱讚淨土佛攝受經》。《小無量壽經》業已失傳，姑且不論，只就《佛說阿彌陀經》與《稱讚淨土佛攝受經》二者而言，鳩摩羅什法師翻譯的經文更加精簡流暢，翻譯的經名，也更加符合信願持名的提倡，故教界多採用鳩摩羅什法師的譯本。我們採用的譯本，也是鳩摩羅什法師翻譯的《佛說阿彌陀經》。

# 辨立題

佛經的題目，各有不同，然而，不同的題目，卻有著共同的指示。這個共同的指示，就是人人皆有的無相真心，亦名妙明真心，亦名清淨平等覺性。《阿彌陀經》指示這個妙明真心，《涅槃經》指示這個妙明真心，《梵網經》指示這個妙明真心，《文殊問般若經》指示這個妙明真心，《妙法蓮華經》指示這個妙明真心，乃至所有的佛經，皆指示這個妙明真心，所謂「東方有聖人，西方有聖人，此心同，此理同」，絕不是這部佛經指示這個，那部佛經指示那個，各部佛經各有指示。「此心」，或曰「此理」，佛教稱之為「法身」，「世尊」，「佛」，「如來」，中國本土文化稱之為「太極」，「天理」，「良知」，「道」，《佛說無量壽經》稱之為「無量壽」，「彼佛」。諸佛祖師，古聖先賢，皆指示這一個，更無二說。

概括起來，佛經題目，有七種譬喻，所謂「七種立題」是也。七種立題，如下：

一、單人立題，就是用一個人，作為一部經的題目，指示這個妙明真心。譬如《佛說無量壽經》、《佛說阿彌陀經》，皆是單人立題。阿彌陀是人。《佛說阿彌陀經》用「阿彌陀」作為這部經的題目，用來譬喻這個妙明真心。

二、單法立題，就是用一個法，作為一部經的題目，指示這個妙明真心。譬如《涅槃經》。涅槃是法。《涅槃經》用「涅槃」作為這部經的題目，譬喻這個妙明真心。

三、單喻立題，就是用一個物，作為一部經的題目，指示這個妙明真心。譬如《梵網經》。梵網是物。《梵網經》用「梵網」作為這部經的題目，譬喻這個妙明真心。

四、人法立題，就是用人和法，作為一部經的題目，指示這個妙明真心。譬如《文殊問般若經》。文殊是人，般若是法。《文殊問般若經》用「文殊」和「般若」作為這部經的題目，譬喻這個妙明真心。

五、法喻立題，就是用法和物，作為一部經的題目，指示這個妙明真心。譬如《妙法蓮華經》。妙法是法，蓮華是物。《妙法蓮華經》用「妙法」和「蓮華」作為這部經的題目，譬喻這個妙明真心。

六、人喻立題，就是用人和物，作為一部經的題目，指示這個妙明真心。譬如《如來師子吼經》。如來是人，師子吼是物。《如來師子吼經》用「如來」和「師子吼」作為這部經的題目，譬喻這個妙明真心。

七、具足立題，就是用人、法、物作為一部經的題目，指示這個妙明真心。譬如《大方廣佛華嚴經》。大方廣是法，佛是人，華嚴是物。《大方廣佛華嚴經》用「大方廣」、「佛」、「華嚴」作為這部經的題目，譬喻這個妙明真心。

佛經題目眾多，皆不出這七種立題。七種立題，悉皆指示這個妙明真心。經文中的詳細說明，也是運用種種比喻指示這個妙明真心，以及證悟這個妙明真心的種種方法。若不指示這個妙明真心，則非佛法也。

# 辨妙體

辨妙體，即是辨明本經的妙體。一切大乘經典的妙體，皆是我們現前的這一念妙明真心。千經萬論，無非指示這裡。千佛萬佛，無非令人明悟這裡。我們現前的這一念妙明真心，即是清淨法身。我們現前的這一念妙明真心的百千妙用，即是百千萬億化身。我們現前的這一念妙明真心的全體大相，即是圓滿報身。這一妙明真心，普應十方，普度一切，這不是什麼稀奇事，也不是千劫萬劫修成的，而是這一念妙明真心的本然之用，而是這一念妙明真心的本然之相。

我們修行佛法，只須如實地證悟這裡，只須如實地回歸這裡。若能如是，則無相法身不求而自得，無量妙用不求而自現，無上莊嚴不求而自有。這個體相一如的自心實相，即是廣大圓滿的阿彌陀佛。

妙體無相，不可謂之無。何以故？生生不息，妙用無窮。

妙用無窮，不可謂之有。何以故？如夢如幻，如露如電。

自心實相，本然如是，不是用功修成的，不是向外求來的。蕅益大師云：「實相之體，非寂非照，而復寂而恒照，照而恒寂。照而寂，強名常寂光土。寂而照，強名清淨法身。」[1]這個自心實相，亦名常寂光土，亦名清淨法身。一切大乘經典皆指示這個自心實相，《佛說阿彌陀經》亦復如是。

蓮池大師云：「靈明洞徹，湛寂常恒，非濁非清，無背無向。大哉真體，不可得而思議者，其唯自性歟。」又云《佛說阿彌陀經》「全彰自性」❷。自性者，本然之性，非假人為而成。這個本然自性，即是本分天然的阿彌陀佛，阿彌陀佛即是這本分天然的自性，亦名自性法身，亦名清淨法身。蓮池大師云：「彌陀即是全體一心，心包眾德，常樂我淨，本覺始覺，真如佛性，菩提涅槃，百千萬名，皆此一名，攝無不盡。」❸又云：「阿彌陀佛，全體是當人自性。」❹當人自性，又是個什麼？蓮池大師又云：「此之自性，蓋有多名，亦名本心，亦名本覺，亦名真知，亦名真識，亦名真如，種種無盡，統而言之，即當人靈知靈覺本具之一心也。」❺

《佛說阿彌陀經》，運用種種比喻，開示自心實相，以及證悟自心實相的方法。世人不知這是比喻，把比喻當作實際，執手指以為月亮，聞說極樂國土眾鳥念佛，便以為鳥說人話，口念彌陀。聞說阿彌陀佛與諸聖眾現在其前，便以為出現佛像，前來接引。如此實為不

❶《佛說阿彌陀經要解》。《大正藏》第三十七冊，第三六四頁中。
❷《阿彌陀經疏鈔》。《卍續藏》第二十二冊，第六〇四頁上。
❸《阿彌陀經疏鈔》。《卍續藏》第二十二冊，第六〇四頁上。
❹《阿彌陀經疏鈔》。《卍續藏》第二十二冊，第六〇四頁下。
❺《阿彌陀經疏鈔》。《卍續藏》第二十二冊，第六〇四頁下。

解如來真實義。妄想經義，胡亂修行，猶如行走，方向已錯，豈能達到目的？

## 辨綱領

綱領，即是修行的要領。提綱，則眾目全張。挈領，則襟袖皆至。那麼，如何是《佛說阿彌陀經》的綱領呢？《佛說阿彌陀經》的綱領就是，信願持名，往生淨土，究竟成佛。

信，既包括信自，也包括信他。

所謂信自，就是信自己現前這個無相真心，無內無外，十方世界，恒沙國土，只是現前這一念真心中的物。蕅益大師云：「信自者，信我現前一念之心，本非肉團，亦非緣影，竪無初後，橫絕邊涯，終日隨緣，終日不變，十方虛空，微塵國土，元我一念心中所現物。我雖昏迷倒惑，苟一念回心，決定得生自心本具極樂，更無疑慮，是名信自。」❻一旦證悟了這一念真心，回歸了這一念真心，便是往生到了極樂國土。若如是信，是名信自。

所謂信他，就是信佛所說，決無誑語，依教奉行，決定往生。蕅益大師云：「信他者，信釋迦如來，決無誑語，彌陀世尊，決無虛願，六方諸佛廣長舌，決無二言。隨順諸佛真實教誨，決志求生，更無疑惑，是名信他。」❼如是而信，是名信他。蕅益大師云：「深信十

❻《佛說阿彌陀經要解》。《大正藏》第三十七冊，第三六四頁中。

❼《佛說阿彌陀經要解》。《大正藏》第三十七冊，第三六四頁中下。

萬億土，實不出我今現前介爾一念心外，以吾現前一念心性實無外故。又深信西方依正主伴，皆吾現前一念心中所現影。」❽「十萬億土，實不出我今現前介爾一念心外」，「西方依正主伴，皆吾現前一念心中所現影」。諸人還信否？若也信之，即名信他，亦名信佛。

諸佛祖師，皆言十方淨土，盡在諸人現前這一念心中。諸人還信否？若也信之，即名信佛。既然十方淨土，盡在諸人現前這一念心中，那麼，往生淨土，即是往生諸人現前這一念心中，回歸諸人現前這一念心中。

心即淨土，淨土即心，離心之外，更無淨土。離心之外，若有淨土，則非佛教。自心不歸，願往他處，則非佛義。若非佛義，依而行之，不得往生。

梵語阿彌陀，此云無量壽，亦名自性心。心是本來心，佛是本來佛。念佛即是念心，念心即是念佛，不假外求，直取心源。世人信不過，故勞他世尊，曲垂方便，教令執持名號，一心不亂。

信佛者，當信自心是佛，當證自心實相，當歸自心本覺。證得之法，回歸之徑，乃所謂執持名號，一心不亂。如此用功，久久純熟，一機來臨，便能根塵脫落，彌陀現前。這時，若能識得，即名見佛，亦名見性。這時，則見法界全體，無量萬相，無非是我。此我是真佛，此我是極樂。除此一真外，更無有人我。到了這裡，覓一毫自他，了不可得，哪裡更有

❽《淨土十要》卷第一。《卍續藏》第六十一冊，第六四五頁上。

什麼心外來的佛？

端正見地，直取心源，乃往生淨土之要門，超生脫死之捷徑。依此見地，如是而修，自然洞徹心源，了達自性，不動一步，即到西方。當下即西方，西方即十方，起心動念盡是紫磨金容，舉手投足無非古佛道場，法法皆妙，相相歸宗。於斯見得，管取開懷大笑。

如上所說，諸人還信麼？

願，就是願離娑婆，往生淨土，圓滿成佛。有此大願，足以勵行。有此大行，定能證悟自性，定能往生淨土。淨土在哪裡？經云：「欲得淨土，當淨其心。隨其心淨，則佛土淨。」這分明是說，心即是土，土即是心，心土二名，同指一實。既然心即是土，土即是心，那麼，往生淨土，即是回歸自心。蕅益大師云：「現前一念之心，本非肉團，亦非緣影，竪無初後，橫絕邊涯，終日隨緣，終日不變，十方虛空，微塵國土，元我一念心中所現物。我雖昏迷倒惑，苟一念回心，決定得生自心本具極樂。」❾可見，往生淨土，並非往生他方，而是往生自性。

問：自性真妙體，廣大無有邊，迷時未曾出，悟時未曾入，於此自性中，如何生自性？

答曰：迷時執幻有，波波無有期。悟時達本真，妙用無有窮。猶如夢中人，脫離夢中苦。一旦夢醒時，夢苦無有踪。眾生生極樂，猶如醒夢人。生則決定生，去則實不去。若有

❾《淨土十要》卷第一。《卍續藏》第六十一冊，第六四五頁上。

去來相，依然在夢中。

持名，就是執持名號。執，即抓住不放。持，即持之以恒。名號，即阿彌陀佛。一句佛號，心念耳聞，綿綿密密，密密綿綿，妄念若起，亦不理睬。如是念佛，如是觀音，阿彌陀即得現前，或曰自心實相即得現前。此時，若能認出這個不生不滅、本自清淨的自心實相，即是心不顛倒，即得往生阿彌陀佛極樂國土，或曰往生圓照十方的自性淨土。

持名念佛這個法門，猶如西方三聖所表。大勢至菩薩表念佛，觀世音菩薩表觀音，阿彌陀佛表自心。我們把西方三聖結合起來看，那就是念佛觀音，觀音念佛。念佛觀音，觀音念佛，以此方便，隔斷妄想，直下識取，自心實相。運用念佛觀音的方法，證悟自心實相，這便是《佛說阿彌陀經》的修行綱領。

信願持名，往生淨土，究竟成佛，這是《佛說阿彌陀經》的綱領。然而，信願持名，不可用作向外喊他。何以故？向外喊他，即成人我。往生淨土，不可作移民搬遷想。何以故？若言搬遷，即是外求，即是流浪。究竟成佛，不可作修成一物想。何以故？佛不屬修，若言修成，修成還壞。徹悟大師云：「佛說種種般若門，無非顯示此本源心性。佛說種種淨土門，亦無非顯示此本源心性。從本源心性，流出種種般若淨土法門，而種種般若淨土法門，皆悉指歸本源心性。」⑩又云：「一句阿彌陀佛，以唯心為宗。」⑪可見，《佛說阿彌陀

⑩《徹悟禪師語錄》卷下。《卍續藏》第六十二冊，第三四三頁上。

⑪《徹悟禪師語錄》卷下。《卍續藏》第六十二冊，第三三八頁上。

經》，種種言說，種種譬喻，悉皆指歸本源真性。

## 第次辨

依據淨土宗行人的證量，他所往生的淨土，有四種淨土。一、凡聖同居土。二、方便有餘土。三、實報莊嚴土，亦稱實報無障礙土。四、常寂光土。這四種淨土，標誌著淨土宗行人的清淨程度，標誌著淨土宗行人的修證階位。這四種淨土，不在心外，皆是諸人心上的事。離心之外，豈有四土，待人往生？昧卻自心，外求淨土，如此作為，即是顛倒。心不顛倒，即得往生。心若顛倒，不得往生。蕅益大師云：「深信十萬億土，實不出我今現前介爾一念心外。」既然十萬億土，不出我現前一念心外，那麼，西方四土，豈在心外？西方四土，乃至十萬億土，盡在我人現前一念心中。蕅益大師云：「吾人現前一念心性，過去無始，未來無終，現在無際，覓之了不可得，而不可謂無。應用千變萬化，而不可謂有。三世諸佛，一切眾生，從無二體。十方虛空，剎塵差別，皆吾心所現之相分耳。是故四種淨土，皆不在心外，乃名唯心。謂極樂不即唯心，則西方豈在心外，而吾心豈局東方者哉？」⑫

既然極樂淨土，不在這「現前一念心」外，那麼，如何是這「現前一念心」？答曰：此

⑫《靈峰蕅益大師宗論》。《嘉興藏》第三十六冊，第二九〇頁下。

心無始，此心無終，此心無涯，此心無形，歷歷目前，周遍十方。這個妙明真心，這個無相真心，是個「原本的真實」。迷時未曾失，迷在幻影中。悟時未曾得，復其真妙用。信而未證者，須發廣大願。如法勤修持，願見阿彌陀。見了阿彌陀，悟了自性心，是名不顛倒，是名生淨土。蕅益大師說：「苟一念回心，決定得生自心本具極樂」。

一、凡聖同居土。行人心上，有凡有聖，凡聖同居，是名凡聖同居土。行人心上，有無量的背覺合塵、追逐幻影的凡夫，也有無量的誓出三界、不受輪回的聲聞和緣覺，也有無量的捨塵向覺、誓願成佛的菩薩。行人心上，有凡有聖，凡聖同居，是名凡聖同居土。切不要以為，有某個地方，那裡既有很多的凡夫，也有很多的聖者，凡夫與聖者共同居住在一個地方，猶如大家共同居住在地球一樣。若這樣想，即是心外求法，即是顛倒妄想，那就不是佛法了。

二、方便有餘土。淨土行人的心上，雖有種種習氣，然而，淨土行人不住習氣，不住凡夫位，不住羅漢位，乃至不住菩薩位，而是借助方便法門，唯求度盡自性眾生，究竟成佛，是名方便有餘土。以佛眼觀之，凡夫，二乘，乃至菩薩，皆不可得，皆是究竟成佛的方便行位，如夢如幻，無有實際。

住在方便有餘土的人，借助方便法門，秉持方便正見，不與凡聖同纏。然而，法縛還在，法見難捨，還不究竟，還不徹底，故稱方便有餘土。

切不要以為，有一個地方，居住在那裡的人，全是羅漢與菩薩，全是諸上善人。方便有餘土，不在心外，若向心外求，即非菩薩。何以故？萬法盡在心中。莫說諸上善人在諸人心中，即使西方極樂國土，乃至十方恒沙諸佛，也只是諸人現前一念心中物，不在心外。若向心外求，即非佛法正見。

三、實報莊嚴土。淨土行人的心上，雖有種種習氣，然而，種種習氣，已不奈何，於男婜女嫁中行菩薩道，於父慈子孝中行菩薩道，於喜怒哀樂中行菩薩道，於送往迎來中行菩薩道，於觸目遇緣中行菩薩道。行菩薩道，度無量眾生。度無量眾生，消無量習氣。依佛起用，行菩薩道，於一切法，皆得自在，是名實報莊嚴土。於極樂國土中，供養十方諸佛，還至本國，飯食經行。如此境界，是名實報莊嚴土。

四、常寂光土。徹證實相，全然斷惑，此乃常寂光淨土，此乃佛之所住。佛有住否？佛之所住，無所住處。猶如大海，變現無量漚相，不住任何漚相。此乃法身如來所住之地，也是眾生的本來面目。這裡絕對，這裡不二。既然絕對，既然不二，哪裡還更有什麼能住與所住？證得絕對，融入絕對，是名常寂光土。這裡無凡夫，所謂「無眼耳鼻舌身意，無色聲香味觸法，無眼界，乃至無意識界」。這裡無二乘，所謂「無無明，亦無無明盡，乃至無老死，亦無老死盡」，所謂「無苦集滅道」。這裡無菩薩，所謂「無智亦無得」。這裡，一無所得，這裡，具足萬法，所謂「是諸眾鳥，皆是阿彌陀佛欲令法音宣流變化所作」。淨土世界，一切莊嚴，皆是阿彌陀佛功德成就，皆是自性彌陀的本然如是。

四種淨土，乃現前一念心所現之物。自心凡聖摻雜，即是凡聖同居土。自心方便有餘，即是方便有餘土。自心實報莊嚴，即是實報莊嚴土。自心常寂如如，即是常寂光土。四種淨土，標誌著自心清淨的程度。四種淨土，實屬我人現前一念心中事。

蓮池大師云：「世出世間，無一法出于心外。淨土所有依報正報，一一皆是本覺妙明。譬之瓶環釵釧，器器唯金。溪澗江河，流流入海。無不從此法界流，無不還歸此法界也。回向菩提者，凡所修為，咸願往生，是名回向，而向無他向，回向西方者，回向自性也。」[13]

藕益大師云：「須知一切了義大乘，諸祖公案，皆我現前一念注腳。說來說去，總不離我一心。我今此心，全真成妄，全妄即真。若不能當下反觀，則靈知靈覺之性，恒被一切法所區局。縱慧成四辯，定入四空，依舊迷己為物，認物為己。若能直觀現前一念，的確不在內外中間諸處，無體無相，無影無踪，但有一法當情，皆心所現，終非能現。此能現者，雖云量同虛空，亦無虛空形相可得。若有虛空情量，又是惟心所現之相分矣。一切時放教歷歷明明，空空蕩蕩，亦不認歷歷明明空空蕩蕩者為心。以心體離過絕非，不可思議故。了知一切惟心，心非一切，忽然契入本體，一切語言公案，無不同條共貫矣。」[14]

徹悟大師云：「吾人現前一念心性，全真成妄，全妄即真，終日隨緣，終日不變，橫遍豎窮，當體無外，彌陀淨土，總在其中。」[15]

---

[13]《阿彌陀經疏鈔》。《卍續藏》第二十二冊，第六〇八頁上。

[14]《靈峰藕益大師宗論》卷第二之五。《嘉興藏》第三十六冊，第二八〇頁中。

[15]《徹悟禪師語錄》卷上。《卍續藏》第六十二冊，第三三二頁下。

諸佛祖師，皆言彌陀淨土，不在心外。既然如此，往生淨土，又往生何處？回歸自性，如是而已。回歸自性，即是往生淨土。往生淨土，即是回歸自性。回歸自性，往生淨土，名異而實同。不可離心之外而求往生。離心之外，別求往生，即是外道。離心之外，別求往生，即是輪回。

蘇樹華

# 佛說阿彌陀經原文

如是我聞，一時，佛在舍衛國祇樹給孤獨園。與大比丘僧，千二百五十人俱，皆是大阿羅漢，眾所知識。長老舍利弗，摩訶目乾連，摩訶迦葉，摩訶迦栴延，摩訶拘絺羅，離婆多，周利槃陀迦，難陀，阿難陀，羅睺羅，憍梵波提，賓頭盧頗羅墮，迦留陀夷，摩訶劫賓那，薄俱羅，阿㝹樓馱，如是等諸大弟子。并諸菩薩摩訶薩，文殊師利法王子，阿逸多菩薩，乾陀訶提菩薩，常精進菩薩。與如是等諸大菩薩，及釋提桓因等無量諸天大眾俱。

爾時，佛告長老舍利弗，從是西方，過十萬億佛土，有世界，名曰極樂。其土有佛，號阿彌陀，今現在說法。

舍利弗！彼土何故名為極樂？其國眾生，無有眾苦，但受諸樂，故名極樂。

又，舍利弗！極樂國土，七重欄楯，七重羅網，七重行樹，皆是四寶，周匝圍繞，是故彼國，名曰極樂。

又，舍利弗！極樂國土，有七寶池，八功德水充滿其中。池底純以金沙布地，四邊階道，金、銀、琉璃、頗梨合成。上有樓閣，亦以金、銀、琉璃、頗梨、車璖、赤珠、馬瑙而嚴飾之。池中蓮花，大如車輪，青色青光，黃色黃光，赤色赤光，白色白光，微妙香潔。舍利弗！極樂國土成就如是功德莊嚴。

又，舍利弗！彼佛國土，常作天樂，黃金為地，晝夜六時，天雨曼陀羅華。其國眾生，常以清旦，各以衣祴，盛眾妙華，供養他方，十萬億佛，即以食時，還到本國，飯食經行。舍利弗！極樂國土成就如是功德莊嚴。

復次，舍利弗！彼國常有種種奇妙雜色之鳥，白鵠，孔雀，鸚鵡，舍利，迦陵頻伽，共命之鳥。是諸眾鳥，晝夜六時，出和雅音，其音演暢五根、五力、七菩提分、八聖道分如是等法。其土眾生，聞是音已，皆悉念佛，念法，念僧。

舍利弗！汝勿謂此鳥實是罪報所生。所以者何？彼佛國土無三惡趣。舍利弗！其佛國土尚無三惡道之名，何況有實？是諸眾鳥，皆是阿彌陀佛欲令法音宣流變化所作。

舍利弗！彼佛國土，微風吹動，諸寶行樹，及寶羅網，出微妙音，譬如百千種樂，同時俱作。聞是音者，皆自然生念佛、念法、念僧之心。舍利弗！其佛國土成就如是功德莊嚴。

舍利弗！於汝意云何？彼佛何故號阿彌陀？舍利弗！彼佛光明無量，照十方國，無所障礙，是故號為阿彌陀。又，舍利弗！彼佛壽命，及其人民，無量無邊阿僧祇劫，故名阿彌陀。

舍利弗！阿彌陀佛成佛已來，於今十劫。又，舍利弗！彼佛有無量無邊聲聞弟子，皆阿羅漢，非是算數之所能知。諸菩薩，亦復如是。舍利弗！彼佛國土成就如是功德莊嚴。

又，舍利弗！極樂國土眾生生者，皆是阿鞞跋致，其中多有一生補處，其數甚多，非是算數所能知之，但可以無量無邊阿僧祇說。

舍利弗！眾生聞者，應當發願，願生彼國。所以者何？得與如是諸上善人俱會一處。

舍利弗！不可以少善根、福德、因緣得生彼國。舍利弗！若有善男子善女人，聞說阿彌陀佛，執持名號，若一日，若二日，若三日，若四日，若五日，若六日，若七日，一心不亂，其人臨命終時，阿彌陀佛，與諸聖眾，現在其前，是人終時，心不顛倒，即得往生阿彌陀佛極樂國土。

舍利弗！我見是利，故說此言。若有眾生，聞是說者，應當發願，生彼國土。

舍利弗！如我今者，讚歎阿彌陀佛不可思議功德，東方亦有阿閦鞞佛，須彌相佛，大須彌佛，須彌光佛，妙音佛，如是等恒河沙數諸佛，各於其國，出廣長舌相，遍覆三千大千世界，說誠實言，汝等眾生，當信是《稱讚不可思議功德一切諸佛所護念經》。

舍利弗！南方世界，有日月燈佛，名聞光佛，大焰肩佛，須彌燈佛，無量精進佛，如是等恒河沙數諸佛，各於其國，出廣長舌相，遍覆三千大千世界，說誠實言，汝等眾生，當信是《稱讚不可思議功德一切諸佛所護念經》。

舍利弗！西方世界，有無量壽佛，無量相佛，無量幢佛，大光佛，大明佛，寶相佛，淨光佛，如是等恒河沙數諸佛，各於其國，出廣長舌相，遍覆三千大千世界，說誠實言，汝等眾生，當信是《稱讚不可思議功德一切諸佛所護念經》。

舍利弗！北方世界，有焰肩佛，最勝音佛，難沮佛，日生佛，網明佛，如是等恒河沙數諸佛，各於其國，出廣長舌相，遍覆三千大千世界，說誠實言，汝等眾生，當信是《稱讚不可思議功德一切諸佛所護念經》。

舍利弗！下方世界，有師子佛，名聞佛，名光佛，達摩佛，法幢佛，持法佛，如是等恒河沙數諸佛，各於其國，出廣長舌相，遍覆三千大千世界，說誠實言，汝等眾生，當信是《稱讚不可思議功德一切諸佛所護念經》。

舍利弗！上方世界，有梵音佛，宿王佛，香上佛，香光佛，大焰肩佛，雜色寶華嚴身佛，娑羅樹王佛，寶華德佛，見一切義佛，如須彌山佛，如是等恆河沙數諸佛，各於其國，出廣長舌相，遍覆三千大千世界，說誠實言，汝等眾生，當信是《稱讚不可思議功德一切諸佛所護念經》。

舍利弗！於汝意云何？何故名為《一切諸佛所護念經》？舍利弗！若有善男子善女人，聞是經受持者，及聞諸佛名者，是諸善男子善女人，皆為一切諸佛共所護念，皆得不退轉於阿耨多羅三藐三菩提。是故舍利弗，汝等皆當信受我語，及諸佛所說。

舍利弗！若有人已發願，今發願，當發願，欲生阿彌陀佛國者，是諸人等，皆得不退轉於阿耨多羅三藐三菩提，於彼國土，若已生，若今生，若當生。是故舍利弗，諸善男子善女人，若有信者，應當發願生彼國土。

舍利弗！如我今者稱讚諸佛不可思議功德，彼諸佛等亦稱說我不可思議功德，而作是言，釋迦牟尼佛能為甚難希有之事，能於娑婆國土五濁惡世劫濁、見濁、煩惱濁、眾生濁、命濁中得阿耨多羅三藐三菩提，為諸眾生說是一切世間難信之法。舍利弗！當知我於五濁惡世行此難事，得阿耨多羅三藐三菩提，為一切世間說此難信之法，是為甚難。

佛說此經已，舍利弗及諸比丘，一切世間天、人、阿修羅等，聞佛所說，歡喜信受，作禮而去。

# 附錄

## 無量壽佛說往生淨土呪

南無阿彌多婆夜　哆他伽哆夜　哆地夜他　阿彌唎（上聲）都婆毘　阿彌唎哆　悉耽婆毘　阿彌唎哆　毘迦蘭哆　伽彌膩　伽伽那　枳多迦隸　莎婆訶

誦此呪者，阿彌陀佛常住其頂，命終之後任運往生。

龍樹菩薩願生安養，夢感此呪。

耶舍三藏誦此呪。天平寺銹法師從耶舍三藏口受此呪。其人云：「經本外國不來。受持呪法，日夜六時各誦三七遍。晨夜澡漱，嚼楊枝，然香火，於形象前跪，合掌誦三七遍。日日恒爾，即滅四重、五逆、十惡，謗方等罪悉得除滅。現在不為一切諸邪鬼神之所惱亂，命終之後任運往生阿彌陀國，何況晝夜受持誦讀功德不可思議。」

# 佛說阿彌陀經釋義

首先說明《佛說阿彌陀經》的經題。

佛說，即釋迦牟尼佛說。若論事相，釋迦牟尼佛是古印度的一位覺者，是創立佛教的第一人。若論實相，釋迦牟尼佛是廣大無邊、無上莊嚴的法身如來，也是大地眾生的本來面目。《易傳》稱「太極」，《論語》名「天命」，亦名「一以貫之」之「道」。「朝聞道，夕死可矣」，即是此「道」，也是孟子「萬物皆備」的「我」。西方聖人，東方聖人，皆說此「理」，皆說此「心」，所謂西方有聖人，東方有聖人，此心同，此理同。悟了這個本來面目，則稱為佛，稱之為聖。迷了這個本來面目，則稱為凡夫，稱之為百姓。六祖惠能云：「前念迷即凡夫，後念悟即佛。」❶

若欲見到這個廣大無邊、無上莊嚴的法身如來，唯一的途徑，那就是反觀自見，見到這個廣大無邊、無上莊嚴的自心實相，或曰見到這個廣大無邊、莊嚴無上的自性彌陀。無始以來，無有不見自心而見佛者。何以故？自心妙體，本來是佛。三世諸佛，

❶《六祖大師法寶壇經》。《大正藏》第四十八冊，第三五〇頁中。

妙體無二。若欲見之，不許外求。若是外求，則千劫萬劫，永不得見。

釋迦牟尼佛，今現在說法，未離諸人當下。諸人還得聞否？若也不聞，只因昧卻自心。若能見得自心，則當下見得釋迦。何以故？自他不二，古今無別。佛云，大地眾生本具如來智慧德相，但以妄想執著而不能證得。見得自己如來智慧德相，當下即見一切諸佛，當下即生極樂國土。

真正的釋迦牟尼佛，不是凡夫所看到的，也不是凡夫所想到的，真正的釋迦牟尼佛，是說法度眾生的人。說法的是誰？經云：「應化非真佛，亦非說法者。」❷諸佛教典，皆是法身如來說的，皆是本源真性說的。真正的釋迦牟尼佛，不是四大色身，而是法身如來，而是本源真性，亦名說法的人，亦名主人自己。

我們能見到這部《佛說阿彌陀經》，能聽到這部《佛說阿彌陀經》，這個能見能聞的能性，即是我們的本源真性，與法身如來無二無別，與釋迦如來無二無別。只因眾生未能識得自己的本源真性，未能識得自己的法身如來，故釋迦出世，種種方便，種種指示，令諸眾生，證悟自性，回歸自性，了脫這虛幻不實的生死輪回。

阿彌陀佛，即是不生不滅、廣大無邊、普照十方的法身如來。阿彌陀佛，即是不生不滅、廣大無邊、普照十方的本源真性。阿彌陀佛，即是不生不滅、廣大無邊、普照十方的自心實相。

❷《金剛般若波羅蜜經論》。《大正藏》第二十五冊，第七八四頁中。

若欲見佛，先須悟心。何以故？自心實相，貫通三際。自心實相，遍滿十方。三際名世，十方名界。三世十方，是名世界。《楞嚴經》云：「阿難！云何名為眾生世界？世為遷流，界為方位。汝今當知，東、西、南、北、東南、西南、東北、西北、上、下為界。過去、未來、現在為世。位方有十，流數有三。」過去、現在、未來，皆在心中。東西南北，四維上下，皆在心中。諸人之心，具足三世（過去，現在，未來）。諸人之心，具足十方（東西南北，四維上下）。諸人之心，是名世界。諸佛全身，是名世界。心即是佛，佛即是心。菩薩念佛，之是念心。

世人念佛，向外喊他，不知念佛，正是念自心，正是歸自心。蓮池大師云：「如今念佛者，只是手打魚子，隨口叫喊，所以不得利益。必須句句出口入耳，聲聲喚醒自心。」❸省庵大師亦云：「念彌陀佛貴專精，念到功深念自純。念念圓明真性體，聲聲喚醒本來人。」❹一元大師云：「西方宏誓廣流通，一句彌陀好用功，歷歷分明無間斷，聲聲喚醒主人翁。」❺

可見，念佛不是喊他，而是喚醒自心，喚醒本來人，而是找回真實的自己。可惜，如今念佛的人，只知向外喊他，不知覺悟自心。向外喊他，背道而馳，如此而念，不

❸《雲棲淨土彙語》。《卍續藏》第六十二冊，第五頁中。
❹《省庵法師語錄》。《卍續藏》第六十二冊，第二五二頁下。
❺《蓮修必讀》。《卍續藏》第六十二冊，第八四八頁下。

得見佛。反觀自見，就路還家，如此而念，當下證真。證真之後，無內無外，法界萬相，全體一真。

阿彌陀佛，不是他人，正是諸人當下的本源真性。這個本源真性，不生不滅，廣大無邊，普照十方。若人向這裡念，是名念佛。若人見得這裡，是名見佛，亦名往生淨土。若將彌陀當作他人，終日向外馳求，是名不解如來真實義，是名心外求法，是名外道。

經，即無字真經。無字真經，即諸人皆具的妙明真心，亦名圓覺自性。圓覺自性，流出一切佛法，教化一切眾生。《圓覺經》云：「無上法王，有大陀羅尼門，名為圓覺，流出一切清淨真如、菩提涅槃，及波羅蜜，教授菩薩。一切如來本起因地，皆依圓照清淨覺相，永斷無明方成佛道。」❻

這個無字真經，這個大陀羅尼門，即是人人皆具的圓覺自性，即是人人皆具的自性彌陀。

迷人不見無字真經，只把白紙黑字當作經，猶如執指為月的人，既不識月亮，亦不識手指，某甲執著這個手指是月亮，某乙執著那個手指是月亮，乃至一切眾生，各有自己的執著。手指不是月，只是指月的工具。文字不是經，只是指經的工具。迷人不知，執指為月，把字作經。

❻《大方廣圓覺修多羅了義經》。《大正藏》第十七冊，第九一三頁中。

諸佛教典，三世聖言，歸宗之意，旨在悟心。還識自心麼？若也不識，存疑在心，依法修行，方可證得自性彌陀，方可往生唯心淨土。若是依文解義，自肯自是，則成顛倒妄想，愈想而縛愈堅，愈辯而義愈淵，若欲出離，永無出期。古德云：「依文解義，三世佛冤。離經一字，即同魔說。」借經文，大妄想，是名三世佛冤。昧自心，亂開口，是名即同魔說。

《佛說阿彌陀經》，能說者，此心也，所說者，此心也。能說者是心，所說者是心，能所不二，是名真心，亦名真佛，亦名真經。《法華經》云：「唯此一事實，餘二則非真。」《華嚴經》云：「一切諸佛，共一法身」。

無相真心，無字真經，是萬法的本源，是諸佛的本真，一切諸如來，皆從此經出，一切諸言教，皆從此經出。《金剛經》云：「一切諸佛，及諸佛阿耨多羅三藐三菩提法，皆從此經出。」《大莊嚴經》云：「我所說諸經，此經為最勝，一切諸如來，皆從此經出。」❼

問：如何是此經？

答曰：諸人自心，即是此經。一切萬法，皆從此心生。此經不是文字，而是文字教典指示的那個無字真經，而是文字教典指示的那個無相真心。此心能生萬法，此心

❼《方廣大莊嚴經》卷第十二。《大正藏》第三冊，第六一七頁上中。

能現萬相，此心是萬法之本。

以此心，說此心，是名佛說，是名佛經。令諸眾生，明悟此心，回歸此心，是《佛說阿彌陀經》的唯一宗旨，也是一切佛經的唯一宗旨。蓮池大師云：「稱理者，以即事即理，所謂總該萬有，即是一心，則依報正報，何非自性？又即理者，事依理成，如《淨名》云：『隨其心淨，則佛土淨。』今經言一心不亂，即自性彌陀，惟心淨土，為一經大旨也。」❽既然「自性彌陀，惟心淨土」，那麼，往生淨土，但生自性，親見彌陀，但見自性。得見自性，即見彌陀。若不反觀自性，而是著相見他，則是邪魔外道，則是音聲求佛，色相見佛，則是外道法，不能見彌陀。

娑婆眾生，不得見佛，不得親臨西方勝境，只因不見自性。迷自性，則西方有十萬億佛土之遙。悟自性，則西方與自己一線不隔。七重欄楯，七重行樹，八功德水，階道樓閣，諸上善人，十方世界，皆是諸人自性中的事，自性便是這淨土世界。

極樂國土，依正莊嚴，皆自性彌陀，唯心淨土。諸上善人，不出自性。十方諸佛，盡在一心。出離娑婆，往生淨土，皆自性中事，皆一心中事，所謂隨其心淨，則佛土淨。不識自心，妄認緣影，即在纏中，當下即是娑婆。識心達本，遍含萬相，即得解脫，當下即是極樂。

---

❽《佛說阿彌陀經疏鈔》卷第二。《卍續藏》第二十二冊，第六二四頁上。

# 佛說阿彌陀經

## 放下執著，佛即現前

如是我聞❶，一時❷，佛在舍衛國❸祇樹給孤獨園❹。

【章旨】自性彌陀，圓覺十方。放下執著，一心向佛。一心向佛，佛則至矣。孔子曰：「仁遠乎哉？我欲仁，斯仁至矣。」仁者，佛也。佛者，仁也。仁佛二名，同指一實。一實亦無名，無名而假名，曰佛，曰仁，曰心，曰性，曰彌陀，曰圓覺，曰無量壽，曰金剛性。若論其實，廓徹清明，哪有這些閑名字？無名而假名，方便表真義。

【注釋】❶如是我聞　如是，本然如是。我聞，聞者是我。無相真心，本然如是，如是應緣，如是作用。釋迦牟尼佛圓寂時，曾告訴阿難，佛經的開頭語，應用「如是我聞」一句，以區別於外道。「如是」，指法界本然，所謂本然如是。「我聞」，指聞聲的主人，也是見色的主人，也是一切作用的主人。

❷一時　從表面意思來說，就是佛說這部經的時候。從深層內涵來說，就是諸人的當下。我人現前的這一念心，這是一個永恒的當下。這一念心，這一尊佛，今現在說法，所謂「靈山法會，儼然未散」。❸舍衛國　又譯作「舍婆提國」、「室羅伐國」、「尸羅跋提國」、「舍囉婆悉帝國」。意思是「豐德」、「戰勝」。豐德，即豐厚的德行。戰勝，即戰勝貪欲的妄動。❹祇樹給孤獨園　這個園林是供養給佛陀講法的道場，因為是祇陀太子和給孤獨長者供養的，兩人的名字合稱，便成為祇樹給孤獨園。祇樹，祇陀太子的樹。給孤獨園，給孤獨長者的園。

【語譯】盡聞無住，我本如是，正於此時，佛在舍衛國祇樹給孤獨園。

【釋義】「如是我聞」四字，是一大藏教的秘密，是一大藏教的總綱，是一大藏教的根本。世人不知，卻把「如是我聞」當作「阿難尊者親自聽佛這樣說」，說什麼「阿難尊者記憶力最強，過耳不忘」。若是這樣記言記語，落在言語虛聲裡，便不是與佛心心相印的祖師，而是地地道道的凡夫。結集經典的阿難尊者，是與佛心心相印的人，而不是記言記語、過耳不忘的人。

如者，如如之體。是者，本來如是。我者，獨尊之我。聞者，遍聞之性。這個自性妙體，在耳曰聞，在眼曰見，在鼻嗅香，在口談論，在足奔運，應一切緣，起一切用。若能如是見得這個自性妙體，即是如是我聞，即與佛祖，心心不異。

如是我聞，如是我見，如是我嗅，如是我嘗，如是我觸，如是我思，如是我起心動念，如是我舉手投足，一如是，則一切如是，《楞嚴經》所謂「一根既返源，六根成解脫」。一根如是，六根如是。六根如是，以耳作表，便是「如是我聞」，亦名「我聞如是」。所以，如是我聞，表與佛同證同見，表一大藏教的法脈所在。釋迦佛云：「吾有正法眼藏，涅槃妙心，實相無相，微妙法門，不立文字，教外別傳，付囑摩訶迦葉。」（《五燈會元》卷一。《卍續藏》第八十冊，第三十一頁上。）佛祖相傳，不是文字，不是義理，而是這個「原本的真實」。見此「原本的真實」者，即名如是我聞，亦名如是我見，一如是，則一切如是。以耳作表，則名如是我聞。

具體而說，「如是」二字，表自心妙體。自心妙體，本然如是。若能如是見得，即名如是。若是不識自心，追逐幻相，即名不如是。

「我聞」二字，表自心妙用。聞性空寂，遍聞十方。聞者是誰？聞者是我。「我」又是誰？這個「我」，「天上天下，唯我獨尊」。這個「我」，「齊含萬相，一塵不染」。這個「我」，「能為萬相主，不逐四時凋」。這個「我」，是見色聞聲、起心動念、言行舉止的主人。這個「我」，諸人還見麼？若也見得，即名如是我聞，亦名如是我見。若也昧卻，即名尋聲逐響，亦名六道輪回。

蓮池大師云：「聖人無我，今何稱我？智論有三，一隨世間故，二破邪見故，三不著無我故。以是三者，不礙說我。又法身真我，亦得稱我。」（《阿彌陀經疏鈔》。《卍續藏》第二十二冊，第六二五頁中。）如是我聞的「我」，即是法身真我，亦是勝義之我，亦是無我之我。

「一時」表當下。當下契入，頓超萬有。於此當下，具理具事，有主有眾。主者，理也，佛也，體也。眾者，相也，用也，聲聞眾，菩薩眾，人天眾等等是也。諸人當下的這一念心中，具理具事，有主有眾。諸人還見麼？

佛表教主，即是釋迦牟尼佛，亦是諸人當下的這一念心。這一念心，自他不二，古今不異，這一念心便是主，這一念心便是佛，這一念心便是真實的自己。可惜，諸人著相，未曾證得，故大慈世尊，無請自說，演出一部《佛說阿彌陀經》。

應緣而說，是對機法。無緣自說，是本然法。這個本然法，不請而自說，不敲而自鳴，所謂熾然說，無間說，智者大師所謂「靈山一會，儼然未散」，蓮池大師所謂「祇園一會，儼然未散」，皆自性光明恒照世間也。

蓮池大師云：「若就當經，初句即無量光，洞徹無礙故。二句即無量壽，常恒不變故。三四句即靈心絕待，光壽交融，一切功德，皆無量故。五句總贊，即經云，如我稱贊阿彌陀佛不可思議功德。末句結歸，言阿彌陀佛全體是當人自性也。」（《阿彌陀經疏鈔》。《卍續藏》第二十二冊，第六〇四頁中下。）

舍衛國，亦名豐德國，表自性國土，能生萬法，自性國土，具足萬德。蓮池大師云：「以國豐四德：一者塵德，五塵之境多美麗故；二者財德，七寶珍奇無弗有故；三者聖德，三藏聖法皆具足故；四者解脫德，人多解脫不染欲故。」（《阿彌陀經疏鈔》。《卍續藏》第二十二冊，第六二六頁下。）

祇樹給孤獨園。祇樹，即祇陀太子的樹。給孤獨園，即給孤獨長者的園。祇陀，意譯「戰勝」。戰勝什麼？戰勝貪嗔痴。給孤獨，名「須達多」，意譯「樂施」。樂施什麼？樂施一切。兩人的名字合在一起，則表示「戰勝貪嗔痴，樂施一切眾」。我人學佛，自性國土，具此功德否？

「我聞」表十方，「一時」表當下，「佛在舍衛國祇樹給孤獨園」表自性功德。蓮池大師云：「自性洞徹十方，是阿難聞佛義。自性不離當處，是佛在祇園義。」（《阿彌陀經疏鈔》。《卍續藏》第二十二冊，第六二七頁上。）

莫向阿難那裡覓「如是我聞」。自性遍十方，無非是法音。聞即當下聞，不聞永乖疏。

莫向兩千年前覓「一時」。自性遍三世，處處是當下。見即當下見，不見永乖疏。

莫向西方覓「祇樹給孤獨園」。放下貪嗔痴，功德全體現。自性本具足，不悟永乖疏。

放下執著，成就淨土。時時放下，則時時淨土。處處無執，則處處極樂。通體放下，一物不執，一物不掛，光皎皎，赤裸裸，這當下的現量境界，便是清淨莊嚴的極樂國土。若是念念執著，處處掛礙，則是無繩自縛。若是無繩自縛，畫影自惑，則當下便是五花大綁的娑婆國土。

《佛說黑氏梵志經》記載，黑氏梵志，擎合歡梧桐花獻佛。佛召仙人。梵志應諾。佛曰：「放下著。」梵志遂放下左手一株華。佛又召仙人。梵志應諾。佛曰：「放下著。」梵志又放下右手一株華。佛又召仙人。梵志應諾。佛又曰：「放下著。」梵志曰：「世尊，我今兩手皆空，更教放下個什麼？」佛曰：「吾非教汝放舍其華，汝當放舍外六塵，內六根，中六識，一時舍卻，無可舍處，是汝免生死處。」梵志于言下悟無生忍。（《大正藏》第十四冊，第九六七頁中下。）

若人心地，清淨莊嚴，佛即現前，演說妙法。給孤獨長者，金磚鋪地，請佛說法。金者，莊嚴也，尊貴也。地者，心地也，自性也。心地清淨，無掛無礙，是名金磚鋪地。金磚鋪地，是個比喻，比喻心地，尊貴莊嚴，切不可把「金磚鋪地」當作實際。若把金磚鋪地當作實際，即使金磚鋪滿地球，佛也不現前。何以故？著相故，顛倒故。著相見佛，魔即現前。了悟自心，萬法清淨。萬法清淨，諸佛現前。諸佛者，萬相也，自心之化現也。可惜，迷人著相，觸著便纏，碰著則黏，如此著相，何由解脫？著相之故，佛雖現前，則不得相見。儒家云：「百姓日用而不知。」何以故？著了日用相，不見這生發萬相的主人公。

蓮池大師云：「祇園一會，儼然未散。」既然「祇園一會，儼然未散」，何不當下自見？《佛說阿彌陀經》云：「其土有佛，號阿彌陀，今現在說法。」既然「今現在說法」，何不當下自聞？

自性即是釋迦，自性即是彌陀，自性即是十方諸佛的真身，也是諸人自己的真身，今現在說法。既然今現在說法，何不反聞聞自性？這聞聲的是誰？這見色的是誰？更無第二人，只是諸人自己。既然如此，何不反見見自性？若能見得，則十方諸佛，皆從這裡一時見了。

心聞洞十方，只是這尊佛。

真佛屋裡坐，還是本來人。

蓮池大師告誡曰：「反聞自聞，反佛自佛。當知祇園一會，儼然未散，豈獨靈山？」

（《阿彌陀經疏鈔》。《卍續藏》第二十二冊，第六二七頁上。）

# 不染世塵，離欲之德

與大比丘❶僧，千二百五十人俱，皆是大阿羅漢❷，眾所知識。長老❸舍利弗，摩訶❹目乾連，摩訶迦葉，摩訶迦栴延，摩訶拘絺羅，離婆多，周利槃陀迦，難陀，阿難陀，羅睺羅，憍梵波提，賓頭盧頗羅墮，迦留陀夷，摩訶劫賓那，薄俱羅，阿㝹樓馱，如是等諸大弟子。

【章旨】大阿羅漢，表離欲，表放下。長老舍利弗，摩訶目乾連，摩訶迦葉，摩訶迦栴延，等等，諸位大阿羅漢，皆有所表，所表之事，不離人心。若欲見佛聞法，往生淨土，當須具備如上種種離欲之德。若無離欲之德，佛雖時時現前，則不得見佛，亦名不得見性。

【注釋】❶大比丘　受了具足戒的人，稱為比丘。受了具足戒的德高望重的人，稱為大比丘。比丘含有乞士，破惡，怖魔等義。一、乞士。從諸佛乞法，以資修道。從俗人乞食，以資色身。二、破惡。勤修戒定慧，破除貪嗔痴。三、怖魔。誓願出三界，破除諸魔障，使得魔宮震動，魔王恐怖。❷大阿羅漢　聲聞乘的最高果位名，含有殺賊、無生、應供等義。一、殺賊。殺盡煩惱之賊。二、無生。解脫生死，不受後有。三、應供。德超人天，應受人天供養。❸長老　道高臘長的大比丘。《長阿含經》（卷八）、《眾集經》列舉了三種長老：一、年耆長老，指入佛道多年的比丘。二、法長老，指精通教法的比丘。三、作長老，世俗人對年長者或在家有道德者的尊稱。❹摩訶　意譯為大、多、勝。《大智度論》云：「摩訶，秦言大，或多，或勝。」

【語　譯】與一千二百五十位大比丘，共聚一會。這些大比丘，皆是證成了大阿羅漢果的人，堪稱人天之師。這些大比丘，有長老舍利弗，摩訶目犍連，摩訶迦葉，摩訶迦旃延，摩訶俱絺羅，離婆多，周利槃陀伽，難陀，阿難陀，羅睺羅，憍梵波提，賓頭盧頗羅墮，迦留陀夷，摩訶劫賓那，薄拘羅，阿㝹樓馱等等，這個法會中，有這樣眾多的大弟子。

【釋　義】大比丘，具足威儀的人。比丘，有三義。一、乞士。乞食佛法，成就佛道。二、破惡。遠離貪欲，正見思維。三、怖魔。嚴持戒律，怖畏諸魔。

乞士，破惡，怖魔，三德合稱，即名比丘。大比丘，即完全具足乞士、破惡、怖魔之德，以上座部一千二百五十人而表之。

以色相見我，以音聲求我，是人行邪道，不能見如來。同樣，以色相見比丘，以音聲求比丘，是人行邪道，不能見比丘。何以故？比丘者，乃自性比丘，乃自性之德。

我們學佛，當具三德，乞食佛法，遠離貪欲，嚴持戒律。具此三德，即是「與大比丘僧，千二百五十人俱」。

大阿羅漢，聲聞乘的最高果位，是離開貪欲、不墮愛染之德。貪欲是萬惡之首。若無貪欲，則無人我是非之爭論。若無貪欲，則無自他利益之戰爭。若無貪欲，則無得意忘形、失意忘形之煩惱。若無貪欲，則無尋聲逐響、捕風捉影之輪回。大阿羅漢，遠離貪欲，人天師表，故云「眾所知識」。

三界眾生，以無明為父，以貪愛為母。勘破無明，則自性無迷。解脫貪欲，則自性無漏。大阿羅漢表自性無迷，自性無漏，所以蓮池大師云：「自性無漏，是羅漢義。自性無迷，是知識義。」（《阿彌陀經疏鈔》。《卍續藏》第二十二冊，第六二八頁下。）

諸大弟子，各有所表。所表之事，盡在心中。舍利弗，表智慧。目乾連，表神通。迦葉，表苦行。迦栴延，表論議。拘絺羅，表問答。離婆多，表正行。周梨槃陀迦，表義持。難陀，表儀容。阿難陀，表多聞。羅睺羅，表密行。憍梵波提，表應供。賓頭盧頗羅墮，表福田。迦留陀夷，表教化。劫賓那，表觀察。薄俱羅，表執法。阿㝹樓馱，表天眼。學佛之人，當具如上德行，方是真正佛子。

諸大弟子，各有所表。所表之事，盡在心中。如此之說，非我臆造，法界實相，本然如是。蓮池大師亦云：「十大聲聞，皆是自心十善法數。毗曇偈云：『欲想更樂慧，念思及解脫，作意于境界，三摩提以痛。』是知大迦葉者，心欲數，以志存出要，善欲心發，舍世惡欲故。富樓那者，心想數，以想則分別，辯才無礙故。迦旃延者，更樂數，以問答往復，更相涉入，論議不窮故。乃至慧舍利弗，念優波離，思羅睺羅，解脫善吉，作意那律，三摩目連，痛阿難等。痛者，受也，領納意也。王必具數，數必歸王。此二相扶，而取開悟。若王若數，不出自心。但得一心，王數俱盡。」（《阿彌陀經疏鈔》。《卍續藏》第二十二冊，第六三〇頁下。）

佛與阿羅漢說極樂國土的種種莊嚴，意在破除阿羅漢的偏空守寂，使其得見真空妙有的自心實相。《佛說阿彌陀經》是針對大阿羅漢說的，也是針對機緣成熟的大菩薩說的，也是針對機緣成熟的人天大眾說的。

## 上契下合，妙行之德

并諸菩薩摩訶薩❶，文殊師利法王子❷，阿逸多菩薩，乾陀訶提菩薩，常精進菩薩。與如是等諸大菩薩，及釋提桓因❸等無量諸天大眾俱。

【章　旨】上言諸位大阿羅漢的離欲離苦之德，此言諸位大菩薩的上求下化之德。諸大菩薩，各有所表，所表之事，不離一心。文殊表智慧。阿逸多表法身。乾陀訶提表不休息。常精進表精進不懈。無量諸天表世間德行。我人欲成佛道，當具如上之德。

【注　釋】❶摩訶薩　摩訶薩埵的簡稱。譯為大心，或大有情，指有作佛之大心願的眾生，亦即大菩薩。❷法王子　大菩薩的尊稱。大菩薩是法王之妙用，是法王之德相，能夠傳承佛法，利樂有情。《佛地論》曰：「從世尊口正法所生，紹繼佛身不斷絕，故名法王子。」《智度論・三十二》曰：「佛為法王，菩薩入法正位乃至十地，故悉名王子。」❸釋提桓因　須彌山、忉利天、釋提桓因等，皆古代印度神話中的概念，佛教沿用之，用來表示佛法。釋提桓因是忉利天（三十三天）的天主，簡稱釋帝，或帝釋。

【語　譯】除了這些大阿羅漢，還有很多大菩薩，文殊師利法王子，阿逸多菩薩，乾陀訶提菩薩，常精進菩薩。佛與這樣眾多的大菩薩，以及釋提桓因等無量諸天的無量大眾，共聚一會。

【釋　義】即心即佛，離此心外，更無別佛。心淨則土淨，離此心外，更無別土。離此心外，尚且無佛。離此心外，還有菩薩否？諸大菩薩，不在心外，此乃返本還源之功德善行，亦名上求下化的有情眾生。蓮池大師云：「真不變而隨緣，是之謂覺有情。妄成事而體空，是之謂有情覺。真妄不立，唯是一心。成此大道心，號曰摩訶薩。」（《阿彌陀經疏鈔》。《卍續藏》第二十二冊，第六三一頁下。）

一方面，自性的種種妙用，即是依體而起用的真空妙有。另一方面，自性的種種妙用，又是即用而歸體的當有即空。融攝空有兩邊，超越真妄對待，則所謂菩薩摩訶薩，盡在吾人之一心。蓮池大師又云：「自性廣大是普賢義，自性圓通是觀音義等。如上隨舉一門，以標名字，若各具者，即名字互通，故謂心即名也。如是解者，即于正觀心中見一切菩薩也。今見凡夫不見菩薩者，以失正觀故。故曰：菩薩清涼月，常游畢竟空，眾生心垢淨，菩提影現中。」（《阿彌陀經疏鈔》。《卍續藏》第二十二冊，第六三二頁下。）

可惜，迷人外求，心外立佛，心外立菩薩，心外立淨土，因此之故，永劫用功，不得往生。

諸大菩薩，各有所表。所表之事，盡在心中。文殊菩薩，表般若智慧。過去諸佛，皆依般若而得成佛。未來諸佛，皆依般若而得成佛。乃至釋迦牟尼佛，亦依般若而得成佛。所以，佛法是般若波羅蜜，是大智慧到彼岸。彼岸在哪裡？回頭是岸。若向外求，不肯回頭，即受群邪，即受輪回。三世諸佛，皆依文殊而得成佛，皆是般若而到彼岸。

阿逸多菩薩，就是彌勒菩薩。彌勒表法身大士，現居兜率內院。兜率內院，今在何處？教中有云，無盡法界相，皆是妙明真心中物。百界千如，盡在諸人自心中。兜率內院，還在諸人心外否？莫向心外求，自性法身是。兜率內院，遍含十方，恒沙諸佛，無邊剎境，盡在其中。若住自性法身，即是兜率內院住的人。法身向上，體相一如，則是彌勒菩薩究竟成佛。

乾陀訶提菩薩，代表不休息。常精進菩薩，代表精進不懈。此二位菩薩，表不休息，表常精進。這個不休息，這個常精進，不是有為造作，而是無為而行。《法句經》云：「說諸精進業，為增上慢說。無增上慢者，無善無精進。若起精進心，是妄非精進。若能心不妄，精進無有崖。」（《大正藏》第八十五冊，第一四三五頁上。）淨土行人，往生淨土後，供養十方，飯食經行，便是不休息，便是常精進。如是修行，方得成佛。

問：如何是供養十方？

答曰：本位不移，起應萬機。

問：如何是飯食經行？

答曰：離相離名人不稟，吹毛用了急須磨。

釋提桓因等無量諸天大眾，表世間德行。所謂世間德行，包括欲界天主之德，四天王之德，夜摩天、兜率天、他化自在天、色界天、無色界天之德。諸天不在心外，盡是諸人心中的事，盡是淨土行者的德行。諸人還具此德行否？

若欲成佛，當具世間之德，當具出離之心，當行菩薩之行。當依智慧（文殊菩薩），證悟自性法身（彌勒菩薩），再依自性法身，不休息（乾陀訶提菩薩），常精進（常精進菩薩），如此而行，方成佛道。

## 西方極樂，十萬億土

爾時❶，佛告長老舍利弗，從是西方❷，過十萬億佛土❸，有世界，名曰極樂❹。其土有佛，號阿彌陀，今現在說法❺。

【章旨】從娑婆到極樂，從穢土到淨土，有十萬億佛土之遙。十萬億佛土之遙，即是心中的無量掛礙，即是心中的無量污染。若欲到極樂，若欲達淨土，當須去掉心中的掛礙，當須去掉心中的污染。經云：「欲得淨土，當淨其心。隨其心淨，則佛土淨。」（《維摩詰所說經》。《大正藏》第十四冊，第五三八頁下。）

【注釋】❶爾時　當時。諸大阿羅漢、諸大菩薩及無量天眾聚會之時，自心開顯離欲、覺悟、天德之時。❷西方　《佛說阿彌陀經》說的西方，是個比喻。日出而作，日落而息。息下之時，即是西方。放下之時，即是西方。古德所謂「放下即是」，所謂「留戀娑婆世界一莖草，西方世界去不了」。《佛說阿彌陀經》說的西方，不是指太陽落的那個方向，而是指息下之處。處處執著，處處娑婆。時時放下，時時西方。❸十萬億佛土　這是個比喻，比喻從娑婆世界到極樂世界的遙遠距離。這個遙遠距離，不是物理的距離，而是精神上的距離，而是心靈上的距離。無論多麼遙遠的物理距離，用物理的辦法皆能到達。然而，精神上的距離，心靈上的距離，則是用物理的方法所不能到達的。污染的心靈世界，即是娑婆世界。清淨的心靈世界，即是極樂世界。去掉自心的無量污染，便是過了十萬億佛土，到了極樂世界。❹極樂　避苦趣樂，此樂非極樂，而是苦樂相對的樂，是連帶著苦的樂。極樂者，打破苦樂相對，歸於絕待至真。如此之樂，是名極樂。❺今現在說法　莫向過去求，莫向未來求，何以故？今現在說法。通體放下，一念不生，正於此時，一色一香，無量萬相，皆是彌陀法音，亦名自性莊嚴。

【語譯】這時，釋迦牟尼佛告訴長老舍利弗，從這個世界向西，過十萬億佛土，那裡有一個世界，名叫極樂世界。極樂世界有一尊佛，那尊佛的名號叫阿彌陀，阿彌陀佛正在說法。

【釋義】爾時，即是這時。這時是何時？即是自性羅漢、自性菩薩、自性人天的德行顯現時。離心之外，尚且無佛，離心之外，豈有羅漢、菩薩及人天？羅漢是我們心中的羅漢，菩薩是我們心中的菩薩，人天是我們心中的人天。若欲成佛，當須具足出離三界的羅漢德行，當須具足返本還源的菩薩德行，當須具足世間清雅的人天德行。具此三德，佛即現前，演說妙法。阿彌陀佛，今現在說法。還得聞否？

「佛告長老舍利弗」，一般的解釋是：第一，淨土法門，深廣微妙，無人能問，故世尊不請而自說。第二，淨土法門，淺智小根，不能生信，故世尊說與智慧第一的長老舍利弗。「佛告長老舍利弗」這句經文，若論真實義，則如蓮池大師所說：「自性自然智，是佛告舍利弗義。」又云：「無緣而照，弗慮而知，妙性天然，不從他得。是故犍椎未動，啟請無人，熾然說，無間歇。」（《阿彌陀經疏鈔》。《卍續藏》第二十二冊，第六三三頁下。）這也是自性靈山法會中的事，佛是自己，舍利弗亦非他人。自性熾然說，自性無間說，自性自然說，只是自性如來本然的事。

《佛說阿彌陀經》所說的事，不在諸人心外，只是諸人本分事。蓮池大師云：「無緣而照，弗慮而知，妙性天然，不從他得。」孟子曰：「人之所不學而能者，其良能也。所不慮而知者，其良知也。」佛家之說，儒家之說，異曲而同工，皆言本然的至善極樂，皆言本然的太平安樂。

「從是西方，過十萬億佛土，有世界，名曰極樂。其土有佛，號阿彌陀，今現在說法。」如何是西方？如何是十萬億佛土？這兩個問題，是理解《佛說阿彌陀經》的關鍵。

問：如何是西方？

答曰：放下即西方，著相即娑婆。一放下，全放下，十萬億執著統統放下。這時，根塵脫落，一物不受。這時，若能回手摸著這個，便是過了十萬億佛土。所以惠能大師說：「先除十惡，即行十萬，後除八邪，乃過八千。念念見性，常行平直，到如彈指，便睹彌陀。」（《六祖大師法寶壇經》。《大正藏》第四十八冊，第三五二頁上。）自性心體，絕待無對。

自性心體，本分天然。如是之樂，是名極樂。

日出而作，日落而息。西方表息下，表放下。狂心息下的地方就是西方。學人念佛，執持名號，一心專注。如此而念，便能漸漸息下狂心，便能漸漸到達西方。

問：如何是十萬億佛土之遙？

答曰：從娑婆到極樂，這之間的距離，有十萬億佛土之遙。這十萬億佛土之遙，即是諸人心中十萬億執著，即是諸人心中十萬億習氣。未見空性，立足偏位，趨向正位，故有十萬億佛土之遙。見了空性，立足正位，遍含十方，則自他不隔於毫端。若能借著諸佛祖師的開示，努力精進，一心念佛，待得蘊根成熟時，一機來臨，或磕著，或碰著，不動一步，即到西方。

蓮池大師云：「阿彌陀佛雖過十萬億剎之外，而實于此娑婆世界眾生心中結跏趺坐，儼然不動。何乃佩長生之訣，枉自殤亡，負杲日之明，翻成黑暗？心本是佛，自昧自心。佛本是心，自迷自佛。」（《阿彌陀經疏鈔》。《卍續藏》第二十二冊，第六五三頁上。）

蕅益大師有問答云：「問：西方去此十萬億土，何得即生？答：十萬億土，不出我現前一念心性之外。以心性本無外故。又，仗自心之佛力接引，何難即生？如鏡中照數十層山水樓閣，層數宛然，實無遠近，一照俱了，見無先後。從是西方，過十萬億佛土，有世界，名曰極樂，亦如是。其土有佛，號阿彌陀，今現在說法，亦如是。其人臨命終時，阿彌陀佛，與諸聖眾，現在其前，是人終時，心不顛倒，即得往生阿彌陀佛極樂國土，亦如是。當知，字字皆海印三昧，大圓鏡智之靈文也。」（《淨土十要》卷第一。《卍續藏》第六十一冊，第六五四頁下。）

若人錯解了「西方」，錯解了「十萬億佛土」，那麼，後面的經文，也就必然錯解。自己錯解了經文，再依據自己錯解了的經文而修行，西方淨土，豈能到達？

凡夫著相，處處成障，故有十萬億佛土之遙。放下執著，一絲不掛，便是過了「十萬億佛土」。見得實相，本然如是，即是花開見佛。到了西方，見了彌陀。這個地方，絕待無對，全體一味，是名極樂。這裡的主人，號阿彌陀。阿彌陀是誰？不是他人，正是諸人本真的自己。

「其土有佛，號阿彌陀」。莫向他方覓彌陀。自性靈光，無有隱藏，諸人還得見否？

阿彌陀佛，「今現在說法」。莫向兩片皮上覓法音。無量萬相，盡是法音。諸人還得聞否？

目前的色相，耳畔的音聲，心中的念頭，山河大地，電閃雷鳴，無不是彌陀法音。蓮池大師云：「自性體自靈知，是『其土有佛』義。自性即今顯現，是『見在說法』義。」（《阿彌陀經疏鈔》。《卍續藏》第二十二冊，第六三六頁上。）自性是佛，更到何處見彌陀？今現在說法，更到何處覓法音？可惜迷人，見色著相，聞聲逐響，則形形色色，塵塵剎剎，皆成縛人的繩索。若人如此著相，那麼，極樂世界，離此娑婆，便有十萬億佛土之遙。

通體放下，體會自性。若能會得，則形形色色，塵塵剎剎，皆是彌陀法音，正是今現在說法。

## 本然之樂，是名極樂

舍利弗！彼土❶何故名為極樂？其國眾生❷，無有眾苦，但受諸樂❸，故名極樂。

【章　旨】「無有眾苦，但受諸樂」，如此之樂，誰不欣慕？這段經文，啟發學人升起出離娑婆、欣慕極樂的心，借此出離娑婆、欣慕極樂的心，推動學人脫離苦海、往生極樂。極樂者，太極之樂，本源之樂，亦名自心本然之樂。

【注　釋】❶彼土　彼岸世界。迷即此岸，悟即彼岸。❷眾生　自性眾生，或名習氣，或名污染。極樂世界裡的眾生，即是悟道後的有待轉化的習氣。❸樂　這個樂，不是苦樂相對的樂，而是絕待無對的極樂。極者，太極也，源頭也。極樂者，乃歸元至本之樂，乃往生淨土之樂。世間的樂，皆是有所依傍的，依傍名利的樂，依傍美貌的樂，依老賣老的樂，等等。淨土之樂，極樂之樂，乃本然之樂，乃超然之樂。

【語　譯】舍利弗！阿彌陀佛的國土，為何叫做極樂世界？這是因為，阿彌陀佛的國土，沒有痛苦，只有快樂，所以叫做極樂世界。

【釋　義】極者，源頭也，法身也，空性也。樂者，見性之樂也，解脫之樂也，往生之樂也。

極樂，即是往生淨土之後的樂，即是證悟法身之後的樂，而非離此當下，更有極樂。

迷自心，則在此岸。悟自心，則到彼岸。既到彼岸，此岸已無。此岸已無，彼岸何存？是故彼岸，是非彼岸，是名彼岸，那是一個絕待無對的自心境界，那是一個全體一如的自心境界，而不是離此當下的另一個物理空間。迷人以為，這個地球，乃至太陽系，乃至銀河系，即是此岸，即是娑婆世界。在那遙遠的西方，不知要經過多少個銀河系，那裡「有世界，名曰極樂」。迷人發願，百年之後，託生到那個極樂世界，在那個極樂世界，「無有眾苦，但受諸樂」。如此妄想，皆非「如來真實義」，而是迷人的依文解義。宗密大師云：「但以迷倒，妄見生死，名為此岸。若悟生死，本來空寂，名到彼岸。」（《大方廣圓覺經大疏》。《卍續藏》第九冊，第三六四頁下。）蓮池大師云：「以迷倒妄見五濁，名住娑婆。悟五濁空，本來清淨，即名極樂。」（《阿彌陀經疏鈔》。《卍續藏》第二十二冊，第六三六頁下。）

諸人各有一個三千大千世界，每個人的三千大千世界中，皆有一尊清淨光明的法身佛。菩薩修行，只是識得這個清淨光明的法身佛，契合這個清淨光明的法身佛。

未悟法身時，處處著相，無繩自縛，所呈現的世界即是娑婆世界。證悟法身後，五蘊皆空，諸法空相，所呈現的世界即是淨土世界。

「其國眾生，無有眾苦，但受諸樂，故名極樂。」其國眾生，不是指某個地方的眾生，而是指自性眾生。眾生，不是指獨立的個體，而是指自性中的習氣，而是指自性中的業染。往生之後，仍有眾生。見性之後，仍有習氣。若真修行人，縱有習氣，不為禍害。何以故？常隨佛行，受佛攝化。常隨佛行，即是順性而行，而不是隨他而行。隨佛而行，順性而行，則習氣自然消融，眾生自然得度。

《廬山蓮宗寶鑒》云：「自性眾生誓願度，自性煩惱誓願斷，自性法門誓願學，自性佛道誓願成。此四句直明真理，欲令一切人於自性中度了一切妄念眾生，所謂邪迷、雜想、貪痴、嫉妒、瞋恚、惡毒等心故，令發大誓願自性自度也。（中略）此乃慈照老婆心切，明明與後人開了一個門戶，只要爾諸人自信自肯，從這裡入頭，悟自性彌陀，達唯心淨土，入諸佛境界，成就無上菩提。」（《大正藏》第四十七冊，第三三六頁上。）

總之，眾生是自性眾生，度眾生是度自性眾生，斷煩惱是斷自性煩惱，見彌陀是見自性彌陀，生淨土是生自性淨土。度了眾生，斷了煩惱，見了彌陀，生了淨土，方能親臨「無有眾苦，但受諸樂」的自性境界。

悟了自性，見了彌陀，到了淨土，這時，就不再受幻境所惑。不受幻境所惑，就不再隨幻境流轉。不隨幻境流轉，就不再受生死輪回。見性之後的樂，解脫之後的樂，即名極樂。這個極樂，不屬世間之樂，而是自性本然之樂。蓮池大師云：「自性無染，是『無有眾苦』義。自性常淨，是『但受諸樂』義。」又云：「染既不立，淨亦何存？淨穢雙忘，苦樂平等。如斯之樂，乃所以為極樂也。聖解還成魔境，佛見早墮鐵圍，是故我觀極樂，實無可樂。若有可樂，與苦何別？」（《阿彌陀經疏鈔》。《卍續藏》第二十二冊，第六三七頁下。）

世間之樂，以順意為樂，以逆意為苦。凡夫之事，又豈能全然順意呢？所謂欲壑難平。得了低位，更望高位，步步高升，不過人王。即使做了人王，依然還有許多不滿意的事，依然還有許多心中的苦。故世間之樂，不是極樂。極樂，是返本還源之樂，是往生淨土之樂，是苦樂消融之樂。

## 善法三學，涅槃四德

又，舍利弗！極樂國土，七重欄楯❶，七重羅網❷，七重行樹❸，皆是四寶❹，周匝圍繞，是故彼國，名曰極樂。

【章　旨】說明了戒定慧三學，及涅槃四德。自性無染，名自性戒。自性不亂，名自性定。自性清明，是自性慧，此謂戒定慧三學。自性不滅，名之曰常。自性無苦，名之曰樂。自性獨尊，名之曰我。自性無染，名之曰淨，此謂涅槃四德。自性彌陀，本具戒定慧三學。自性彌陀，本具涅槃四德。

【注　釋】❶欄楯　欄杆之橫木謂之欄，豎木謂之楯。欄楯，是個表法，表戒，表規矩，猶如路上的圍欄，不能跨越。❷羅網　連綴寶珠為網，以作莊嚴之具者。羅網，是個表法，表定，表禪定。❸行樹　成列之樹林。行樹，是個表法，表慧，表般若。❹四寶　是個表法，表涅槃四德，常樂我淨。

【語　譯】又，舍利弗！阿彌陀佛的極樂世界，有七重欄楯，七重羅網，七重行樹。這些欄楯、羅網、行樹，皆是寶物裝飾而成，所以阿彌陀佛的國土叫做極樂國土。

【釋義】七重欄楯，七重羅網，七重行樹，是個表法。七重欄楯，自性戒也。七重羅網，自性定也。七重行樹，自性慧也。四寶周匝，常樂我淨也。

「七重欄楯，七重羅網，七重行樹」，「七」這個數字，代表一個循環，代表一個圓滿。就像現代數字，由一到十，即是一個循環，即是一個圓滿。古代印度，由一到七，代表一個圓滿。譬如《佛說太子瑞應本起經》記載：「四月八日夜，明星出時，化從右脇生，墮地即行七步，舉右手住而言：『天上天下，唯我為尊。三界皆苦，何可樂者？』」（《大正藏》第三冊，第四七三頁下。）《佛本行集經》記載：世尊「結跏趺坐，經于七日，為欲受彼解脫樂故。爾時，世尊經七日後，正念正知，從三昧起。如是世尊，經七七日，以三昧力，相續而住。」（《大正藏》第三冊，第八〇頁上。）《佛說觀無量壽佛經》記載：「乘寶蓮花，隨化佛後，生寶池中，經七七日，蓮花乃敷。」（《大正藏》第十二冊，第三四五頁下。）《佛說阿彌陀經》記載：「執持名號，若一日，若二日，若三日，若四日，若五日，若六日，若七日，一心不亂。」古代中國，也重七數，譬如《易・復》云：「反復其道，七日來復，天行也。」在修行上，有打禪七、打佛七等克期求證的方法，就是七日之內，證得自己的如來智慧德相。

七重欄楯。欄楯，就是柵欄，就是圍欄。柵欄，表規範，就像公路上的柵欄，它是個規範，我們不能翻越它，翻越它就是觸犯，觸犯了就有生命危險。就像橋上的圍欄，我們不能翻越它，翻越它就是觸犯，觸犯了就會掉下去。這個欄楯，代表著戒，是用來防非止惡、行持正道的。

「七」代表圓滿，「欄楯」代表戒。那麼，七重欄楯，就代表圓滿無缺的戒，就代表自性本然的戒。

七重羅網。羅網，就是布開的網。「羅網」代表定，是自性本然的定，是無出無入的定。面對各種境界，無取無捨，如如不動，就是自性本然的定，就是無出無入的定。若是隨境而遷，與境界糾纏在一起，那就不是定了，那就是六道輪回了。

「七」代表圓滿，「羅網」代表定。那麼，七重羅網，就代表自性本然的定，就代表無出無入的定。

明心見性了，花開見佛了，這時的定，就是無出無入的定，就是自性本然的定，就是七重羅網所代表的定。

七重行樹。行樹，就是整齊的樹。「行樹」代表智慧，是自性本然的智慧，是清淨光明的智慧。面對各種境界，不昏沉，不散亂，清清爽爽，明明了了，這個覺性光明，就是自性本然的智慧，就是清淨光明的智慧。面對各種境界，若是被業力裹挾著亂動，那就不是自性本然的智慧，那就是被外物牽著鼻子走的愚痴。

「七」代表圓滿，「行樹」代表智慧。那麼，七重行樹，就代表自性本然的智慧，就代表清淨光明的智慧。

明心見性了，花開見佛了，這時的智慧，就是自性本然的智慧，就是清淨光明的智慧，就是七重行樹所代表的智慧。

蓮池大師云：「自性萬德縱橫，是欄楯義。自性包羅法界，是寶網義。自性長養眾善，是行樹義。」（《阿彌陀經疏鈔》。《卍續藏》第二十二冊，第六三八頁下。）

「七重欄楯，七重羅網，七重行樹，皆是四寶，周匝圍繞。」四寶，即涅槃四德：常，樂，我，淨。「皆是四寶，周匝圍繞」，即在在處處，皆是涅槃四德。

常樂我淨。常，涅槃之體，恒常不變，無有生滅，是名為常。樂，涅槃之體，無縛無脫，寂滅安樂，是名為樂。我，涅槃之體，性不變易，任運自在，是名為我。淨，涅槃之體，本自清淨，本無垢染，是名為淨。

周匝圍繞，即涅槃四德，無處不顯。目前之相，耳畔之聲，草木魚蟲，森羅萬相，皆涅槃妙體的化現，皆涅槃妙體的德相，所謂極樂國土，無上莊嚴，皆阿彌陀佛的功德化現。

諸人的自性，即是不生不滅的涅槃妙體。涅槃妙體，常樂我淨，遍及一切。可惜，迷人不識，妄取幻相，故落輪回。若人放下，不著幻相，於此當下，認取這不生不滅的涅槃妙體，認取這不生不滅的清淨自性，則當下往生彌陀淨土。

見了自性，生了淨土，則見十方世界，一色一香，無非自己。洞山禪師云：「切忌從他覓，迢迢與我疏。我今獨自往，處處得逢渠。渠今正是我，我今不是渠。應須恁麼會，方得契如如。」（《洞山悟本禪師語錄》。《大正藏》第四十七冊，第五〇八頁上。）

蕅益大師云：「吾人現前一念良知之心，覺了不迷為佛寶。佛者，覺也。儒亦云『明明德』，而未知『明德』，即現前一念本覺之體。『明明德』，即現前一念始覺之智，依于本覺而有始覺，以此始覺契乎本覺，始本不二，名究竟覺。故此心性即佛也。吾人現前一念所知之境為法寶。儒亦云：『範圍天地，曲成萬物』，而未顯言，內而根身種子，外而山河國土，天地虛空，乃至百界千如，種種差別，皆是現前一念所現。故此心相，盡名『法』也。如此心外無境，境外無心，于其中間，無是非是，心境和合，從來不二，名和合僧也。儒亦云：『萬物皆備于我』，而未了物我同源。故此三義，皆未的確，況圓顯無剩哉。十方三世一切常住諸佛，無不徹證我一心三寶而成正覺，所說一切常住法藏，無不詮顯我一心三寶而成真軌，所化一切常住聖賢，無不觀察我一心三寶，而成二利。」（《靈峰蕅益大師宗論》卷第二之五。《嘉興藏》第三十六冊，第二九八頁下至第二九九頁上。）

自性本體即是佛，森羅萬相即是法，體相一如即是僧。佛法僧尚且不出「吾人現前一念良知之心」，七重欄楯，七重羅網，七重行樹、周匝圍繞的四寶，豈在「吾人現前一念良知之心」外？七重欄楯，自性戒也。七重羅網，自性定也。七重行樹，自性慧也。四寶，涅槃四德也。

## 極樂國土，妙相莊嚴

又，舍利弗！極樂國土，有七寶池❶，八功德水❷充滿其中。池底純以金沙布地，四邊階道，金、銀、琉璃、頗梨合成。上有樓閣，亦以金、銀、琉璃、頗梨、車𤦲、赤珠、馬瑙而嚴飾之。池中蓮花，大如車輪，青色青光，黃色黃光，赤色赤光，白色白光，微妙香潔❸。舍利弗！極樂國土成就如是功德莊嚴。

【章　旨】七寶池，八功德水，七寶莊嚴的階道，七寶莊嚴的樓閣，微妙香潔的蓮花，運用種種比喻，說明了彌陀淨土的妙相莊嚴，以引領眾生，出離娑婆，發願往生。

【注　釋】❶七寶池　諸經說法不一，《法華經‧受記品》曰：「金、銀、琉璃、硨磲、瑪瑙、真珠、玫瑰七寶合成。」《無量壽經》曰：「金、銀、琉璃、玻璃、珊瑚、瑪瑙、硨磲。」《智度論》曰：「金、銀、毗琉璃、頗梨、車渠、馬瑙、赤真珠。」《佛說阿彌陀經》曰：「金、銀、琉璃、頗梨、車渠、赤珠、馬瑙而嚴飾之。」佛經中的七寶，是個表法，表自性莊嚴，我們不可把七寶當作實物。❷八功德水　指八種功德：清澈，清涼，甘美，輕軟，潤澤，安和，無貪，長養善根。八功德水，是個表法，表自性功德，我們不可把八功德水當作實物。❸微妙香潔　無相名微，無住名妙，開放名香，清淨名潔。這是個比喻，以蓮花的微妙香潔，比喻自性的無相、無住、開放、清淨之德。

【語　譯】又，舍利弗！阿彌陀佛的極樂國土，有用七寶裝飾而成的水池，七寶池中充滿八功德水。七寶池的池底，佈滿了金沙，七寶池周圍的階道，皆是金、銀、瑠璃、玻瓈合成的。階道的上方，有亭臺樓閣，亭臺樓閣也是用金、銀、瑠璃、玻瓈、硨磲、赤珠、瑪瑙裝飾而成的。寶池中的蓮華，就像車輪一樣大，青色的蓮華，綻放著青色的光明，黃色的蓮華，綻放著黃色的光明，赤色的蓮華，綻放著赤色的光明，白色的蓮華，綻放著白色的光明，景色微妙，香氣宜人。舍利弗！阿彌陀佛的極樂國土，成就了這樣的功德莊嚴。

【釋 義】自性莊嚴，即是佛土莊嚴。佛土莊嚴，即是自性莊嚴。若人悟了自性，回歸了自性，則全相即自性，眾生皆彌陀，純然無雜，故曰成就如是功德莊嚴。蓮池大師云：「自性平直，是階道義。自性高邃，是樓閣義。自性具足功德法財，是七寶義。」（《阿彌陀經疏鈔》。《卍續藏》第二十二冊，第六四〇頁下。）「自性清淨光明，是蓮華義。」（《阿彌陀經疏鈔》。《卍續藏》第二十二冊，第六四二頁中。）「自性能生萬法，是莊嚴義。」（《阿彌陀經疏鈔》。《卍續藏》第二十二冊，第六四三頁中。）

如是功德莊嚴，即是本來如是的功德莊嚴。若不是本來如是的功德莊嚴，而是修造而成的功德莊嚴，那麼，這種功德莊嚴，修成還壞，終歸於滅。本來如是的功德莊嚴，即是我們的本覺光明。我們的本覺光明，本來就是清淨光明的。我們的本覺光明，本來具足無上莊嚴。我們的本覺光明，本來具足一切功德。學人不見本覺光明，故以始覺趣向本覺，精進修行，毫不懈怠。一旦回歸了這個本覺，則天下萬相，盡歸本覺。孔子曰：「克己復禮，天下歸仁。」克己者，格物也，克制自己的妄想習氣也，格除自己的無繩自縛也。復禮者，致知也，恢復這個無能無所的大禮也，回歸這個具足萬德的根本也。一旦恢復了這個大禮，回歸了這個根本，則天下歸仁矣，則往生淨土矣。這時，全體無非自己，故曰成就如是功德莊嚴。

池水，階道，樓閣，蓮花，種種法相，各有所表，皆是阿彌陀佛的功德幻化，皆是無相真心的功德顯現。

彌陀淨土，普攝十方眾生，皆得往生極樂國土。阿彌陀佛是誰？他不是別人，他是諸人的自性心光。十方眾生又是誰？也不是別人，他是諸人的自性眾生。所謂往生淨土，即是去掉自心的污染，恢復自性的本來面目。除此之外，若更有所往，猶如世人搬遷，從這裡搬到那裡。如此往生，皆非佛法，而是外道。

切莫著了池水相，切莫著了階道樓閣相，切莫著了蓮花相，切莫著了七寶相。若是著相，寶則成垢。若是離相，垢則成寶。世人著相，聞說金、銀，則作金、銀想。聞說車渠，則作車渠想。聞說馬瑙，則作馬瑙想。如此而聞，如此而想，即是顛倒妄想，即是著相住境。若人著相，則金、銀、琉璃、車渠、馬瑙，皆塵埃也。若人著相，則在在處處，皆穢土也。若人見性，即相離相，即離同時，無有先後。若能如是，則在在處處，即是淨土。心淨則佛土淨，心寶則一切寶。拈一莖草作丈六金身。這一莖草，亦寶矣。如我按指，海印放光。這一按指，亦寶矣。一莖草如是，一按指如是，森羅萬相，一切作為，無不如是。若能如是，何止七寶？七數表圓滿。既然圓滿，那麼，則是處處皆寶，無非放光。

一切色相，是寶還是垢，當觀學人立足何處。立足於正位，朗現萬相，則塵塵剎剎，皆成七寶。立足於偏位，著於事境，則金、銀、琉璃，亦成土塊。金、銀、琉璃、車渠、馬瑙等七寶，喻淨土莊嚴，切不可將七寶當作世間之物。若人著相，若人顛倒，即使住在金、銀、琉璃、車渠、馬瑙建造的大宅院裡，那些金、銀、琉璃、車渠、馬瑙，也是塵埃，也是土塊。何以故？心淨則一切相淨，心垢則一切相垢。

古時候有一位勇猛善戰的將軍，戰功赫赫，晚年，閑來無事，收藏玉器，他收藏了一只玉杯，這只玉杯是老將軍的至愛，他每日總要把玩一番。某日，老將軍正拿出玉杯賞玩的時候，被屋外的聲音猛然一驚，杯子突然脫手，老將軍眼疾手快，一把接住了它。杯子安然無恙，老將軍卻驚出一身冷汗。老將軍畢竟不是常人，他對著杯子發呆，心中反思，自己身經百戰，出生入死，從來沒受過這樣的驚嚇，如今卻為了一只玉杯而心驚膽戰，著實可笑，人的貪愛執著是多麼可怕啊！我對玉杯的執著，把我帶到了這個境地。想到這兒，老將軍鬆開了手，任其摔得粉碎。

事事物物本不縛人，因人執著而成縛。事事物物本是七寶，因人貪愛而成塵埃。蓮池大師云：「自性具足功德法財，是七寶義……功德法財者，自性常而不遷，淨而不染，我而隨緣不礙，樂而富有不虧，是名金銀。自性內外明徹，無障無礙，是名瑠璃。自性本體潔白，離過絕非，是名硨磲。自性光明熾然，是名赤珠。自性堅實不易，是名瑪瑙。眾美畢具，資成法身，是名嚴飾也。」（《阿彌陀經疏鈔》。《卍續藏》第二十二冊，第六四一頁上。）

七寶蓮池，充滿八功德水。八功德水，就是具足八種功德的水。諸人切莫將八功德水當作世間水，這只是個比喻。八功德水，所喻如下：

一、清澈的功德。我人的心，清澈否？若也清澈，則具清澈的功德。

二、清涼的功德。我人的心，清涼否？若也清涼，則具清涼的功德。

三、甘美的功德。我人的心，甘美否？若也甘美，則具甘美的功德。

四、輕軟的功德。我人的心，輕軟否？若也輕軟，則具輕軟的功德。

功德。

五、潤澤的功德。我人的心，潤澤否？若也潤澤，則具潤澤的功德。

六、安和的功德。我人的心，安和否？若也安和，則具安和的功德。

七、無貪的功德。我人的心，無貪否？若也無貪，則具無貪的功德。

八、長養善根的功德。我人的心，能長養善根否？若能長養善根，則具長養善根的功德。

八功德水，自性功德也。莫離自性，更覓功德。蓮池大師云：「自性汪洋沖融，是寶池義。自性悉備一切功德，是德水義。」又云：「自性非真非俗，純粹至善，如池純以寶成故，備諸功德者。自性無染，即澄淨德。自性無煩，即清涼德。自性無惡，即甘美德。自性無我，即輕軟德。自性無竭，即潤澤德。自性無暴，即安和德。自性無乏，即除飢渴德。自性出生一切萬善，即長養德。又自性順萬物而無情。」（《阿彌陀經疏鈔》。《卍續藏》第二十二冊，第六四〇頁上。）

七寶蓮池，清淨性體也。八功德水，無量功德也。階道樓閣，修行次第也。依此修行，一切渾濁，逐漸消失，本然清澈，逐漸顯現。依此修行，一切寒熱，逐漸消失，本然清涼，逐漸顯現。依此修行，一切苦澀，逐漸消失，本然甘美，逐漸顯現。依此修行，一切沉重，逐漸消失，本然輕軟，逐漸顯現。依此修行，一切旱澇，逐漸消失，本然潤澤，逐漸顯現。依此修行，一切對待，逐漸消失，本然安和，逐漸顯現。依此修行，一切飢渴，逐漸消失，本然飽和，逐漸顯現。依此修行，一切惡根，逐漸消失，本然善根，逐漸顯現。

池水，有洗滌之功。洗滌什麼？洗滌污垢，清除業障，恢復我們的本來面目。

階道，有行走之用。次第為階，坦途為道，表次第進道。《楞嚴經》所謂「理則頓悟，乘悟并銷。事非頓除，因次第盡」。（《大正藏》第十九冊，第一五五頁上。）

樓閣，有居住之用，表布道之地，佛祖之地，亦眾生之本來面目，亦眾生之自性彌陀。彌勒彈指，樓閣門開，善財得入，得見百界千如、層層無盡之法界實相。這裡的樓閣，喻自性之寶。

蓮花，有清淨之德，表清淨無染。蓮花的光澤，青色青光，黃色黃光，赤色赤光，白色白光，種種色相，無窮無盡，法界莊嚴，亦復如是。青色青光，黃色黃光，赤色赤光，白色白光，正是「見山是山，見水是水」的本然境界。蓮池大師云：「清淨表色，自性纖塵不立故。光明表光，自性萬法朗然故。《佛地論》云：『如是假實之色，皆不離佛淨心。即此淨心，能顯假實之色。』故經云，青色青光，黃色黃光等，是光色不二，寂照雙融也。」（《阿彌陀經疏鈔》。《卍續藏》第二十二冊，第六四二頁中。）清淨光明，不從外來，自性境界，本然如是。

池中蓮花，微妙香潔，表示自性之德。微表無相，妙表無住，香表開放，潔表清淨。蓮花的微妙香潔，即是自性的無相、無住、開放、清淨之德也。

## 淨土眾生，悟後修行

又，舍利弗！彼佛國土，常作天樂❶，黃金為地，晝夜六時❷，天雨曼陀羅華❸。其國眾生，常以清旦，各以衣裓，盛眾妙華❹，供養他方，十萬億佛，即以食時，還到本國❺，飯食經行❻。舍利弗！極樂國土成就如是功德莊嚴。

【章　旨】心地清淨，則一切音聲，皆得清淨。心地清淨，則一切音聲，皆是天樂。心地清淨，則一切色相，皆得清淨。心地清淨，則一切色相，皆是天花。心地富貴，則萬相莊嚴。地者，心地也。往生淨土的人，回歸自性的人，他的國土，他的境界，常作天樂，常雨天花，黃金為地。往生後的修行，依體起用（供養十方），攝用歸體（還到本國）。如是而行，普度群生，皆成佛道。

【注　釋】❶天樂　古代印度神話中的概念，指天人之伎樂也。佛教沿用之，以表佛法的義。《法華經・化城喻品》曰：「四王諸天，為供養佛，常擊天鼓，其餘諸天，作天伎樂。」❷晝夜六時　晝三時：晨朝、日中、日沒。夜三時：初夜、中夜、後夜。晝三時，夜三時，共計六時，稱名晝夜六時。❸曼陀羅

華　花色優美，見此花者，內心柔軟、清淨、香潔。曼陀羅花，此是天花，唯具天人之德，方得感現此花。曼陀羅花是個比喻，往生淨土的眾生，所感現的一切色相，皆是柔軟、清淨、香潔的色相。心柔軟，則一切色柔軟。心清淨，則一切相清淨。心香潔，則一切相香潔。此種柔軟、清淨、香潔之相，也不可執著，也當放下。放下即是供佛，求道即是供佛，捨末即是供佛，求本即是供佛。❹眾妙華　眾妙花，這是個比喻。起用為眾，無住為妙，無染為花。應緣起用，無住無著，清淨無染，即是眾妙花。如是起用，如是無住，如是清淨，也不執著，也當放下。放下即是供佛。執著即是入迷。❺本國　本即根本，本即自己，本即絕待至真之我。國即國土，國即淨土，國即極樂。當下的圓覺淨性，及其隨緣而現的全體大相，即是本國。❻飯食經行　返回本位，體會實相。飯食，即法食。經行，即體會。

【語　譯】又，舍利弗！阿彌陀佛的極樂國土，常常充滿天樂，遍地皆是黃金，曼陀羅華，從天而降，無有間斷。極樂國土的人民，晨朝之時，常常以衣祴，盛滿妙華，供養十方無量無邊諸佛。供養事畢，則返回本國，在本國進食，在本國修行。舍利弗！阿彌陀佛的極樂國土，成就了這樣的功德莊嚴。

【釋　義】天樂，音聲也。黃金，色相也。曼陀羅華，香氣也。飯食，美味也。衣祴盛華，身觸也。供養他方，妙觀察也。以上種種，聞聲、見色、嗅香、嘗味、身觸、妙觀，皆依體起用也。「還到本國，飯食經行」，則攝用歸體也。不離當下，供養十方，大機大用也。不假時間，返至本國，即離不二也。

這裡所說的「天樂」，不是世間意義上的音樂，而是萬相和合義。蓮池大師云：「自性萬德和融，是天樂義。」（《阿彌陀經疏鈔》。《卍續藏》第二十二冊，第六四三頁下。）

這裡所說的「黃金」，不是世間意義上的黃金，而是自性尊貴義。蓮池大師云：「自性真如平等，是金地義。」（《阿彌陀經疏鈔》。《卍續藏》第二十二冊，第六四四頁上。）

這裡所說的「曼陀羅華」，不是世間意義上的華，而是自性開朗義。蓮池大師云：「自性開覺，是華義。」（《阿彌陀經疏鈔》。《卍續藏》第二十二冊，第六四四頁下。）

這裡所說的「飯食」，不是世間意義上的吃飯，而是法食。法食，即法身正位之食。

這裡所說的「經行」，不是世間意義上的行走，而是行佛行。佛行，即清淨無染之行。

對於初地菩薩來說，依體起用，攝用歸體，則有先有後。然而，對於大菩薩來說，依體起用，攝用歸體，雖有先後，然而，速度極快，幾近同時，這就是臨濟祖師說的，「沿流不止問如何，真照無邊說似他。離相離名人不稟，吹毛用了急須磨。」（《卍續藏》第八十冊，第二二三頁上。）也就是說，這個無名無相的妙體，世人皆不識得他，更不曾遵從他。這個無名無相的妙體，就像金剛王寶劍，鋒利無比，毛髮放於刃上，輕輕吹一口氣，這毛髮就斷了。如此鋒利的寶劍，即使用了，那也是要「急須磨」的。用後歸體，莫逐幻用。供養他方，即是起用。還到本國，即是「急須磨」。供養他方，還到本國，這便是往生後的修行，亦名悟後的修行。若是佛，則不然。何以故？全體大用，無有間斷，豈有起用與回歸？法界全體，無非自己，豈有能歸與所歸？

問：如何是「供養他方，十萬億佛」？

答曰：供養他方，十萬億佛，即是供養十方，無量萬相，借此度脫，有緣眾生。十方世界，無量萬相，乃自性之化現，非離自性而別有。若把「供養他方，十萬億佛」當作供養他人，如此之見，則是俗見。蓮池大師云：「自性自嚴，是盛華供養義。自性自遍，是十萬億佛義。自性自空，是食時還義。自性自住，是本國義。」（《阿彌陀經疏鈔》。《卍續藏》第二十二冊，第六四五頁中。）也就是說，自性自莊嚴，是名真供養。若離自性，作他莊嚴，是名尋聲逐響，顛倒妄行。自性心地，遍滿妙華，不待盛裝，自然滿足，是名「盛眾妙華」。自性心地，妙用無邊，本位不移，起應萬機，是名「供養他方，十萬億佛」。《思益經》云：「誰能供養佛？佛言：能通達無生際者。」（《大正藏》第十五冊，第三十七頁中。）

問：如何是無生際？

答曰：自性無生，廣大無邊，是名無生際。通達自性者，能供養諸佛。《不思議境界經》云：「供養一如來者，即為供養一切如來。」（《大正藏》第十冊，第九一〇頁下。）黃檗禪師云：「供養十方諸佛，不如供養一個無心道人。」（《傳心法要》。《大正藏》第四十八冊，第三八〇頁上。）一如來者，即是無生無滅、無邊無際的自性法身，即是無取無捨、無背無向的無心道人。自性之體，即是本處。自性現相，是名一切如來。自性是我體，十方是我化。還識得我體否？若也識得，即名供養一切如來。

問：如何是「還到本國，飯食經行」？

答曰：若把「還到本國，飯食經行」當作回國吃飯，飯後散步，則是妄想，不是佛法。「還到本國」，即是攝用歸體。「飯食經行」，即是依體起用。攝用歸體，依體起用，體用同時，亦無先後，是名菩薩行。

攝用歸體，即是還到。自性妙體，即是本國。體悟自性，是名飯食。智慧觀照，是名經行。世人不知，把「還到本國」當作周遊回來，把「飯食經行」當作飯後散步。如此吃飯，即使吃遍宇宙，那也是個飯桶。如此散步，即使散遍宇宙，那也是個遊魂。

蓮池大師云：「《華嚴》具足優婆夷云：『一生所系菩薩，食我食者，皆于菩提樹下成等正覺。』皆自性真如無盡之理而為食也。經行者。《持世經》云：『如來行處，是無行處。』無行處者，真慧也。故知拈匙放箸，口口不離。舉足動身，步步踏著。何得埋頭吃飯，空過一生，翫水觀山，徒勞萬里？」（《阿彌陀經疏鈔》。《卍續藏》第二十二冊，第六四六頁上。）我者，自性也。食我食者，食自性之食也。若離自性，更有別食，皆外道食。食外道食，不得成佛。

總之，供養他方，十萬億佛，還到本國，飯食經行，這都是自性中的事。供養他方，十萬億佛，此乃大機大用也。還到本國，飯食經行，此乃即相離相也。

從自性上來說，清旦供佛，乃凜然覺照萬相之意，明明歷歷，恰如清旦之際。蓮池大師云：「清旦供佛，取心淨也。彼國眾生雖晝夜一心，固無清濁，而未登佛地，猶有無明，觸事涉緣，不無少動，亦以平旦號清明心，亦可隨順此方言清旦也。」（《阿彌陀經疏鈔》。《卍續藏》第二十二冊，第六四五頁上。）悟性之人，雖然已證清淨自性，卻因無始習染之故，常被習氣牽引，故常須覺察，損之又損，即自性自度也。

覺照之功，當須清淨，是以供佛，起自「清旦」，如百丈懷海所言：「靈光獨耀，迥脫根塵。體露真常，不拘文字。心性無染，本自圓成。但離妄緣，即如如佛。」覺照之功，當須不斷，是以供佛，貴在時常，時常者，念茲在茲，念念不忘，曹山本寂云：「如經蠱毒之鄉，水不得沾著一滴。」長慶大安云：「一回入草去，驀鼻拽將回。」都是日日恒然，心無懈怠之保任。

又，經文「各以衣裓，盛眾妙華」，這個「各」字，即一切作用也。一切作用，皆不染著，即「各以衣裓，盛眾妙華」，所謂步步踏著無生，法法本於真性也。

可見，「其國眾生，常以清旦，各以衣裓，盛眾妙華，供養他方，十萬億佛，即以食時，還到本國，飯食經行。」這段經文，已將悟後修行說得清清楚楚。

極樂國土的無上莊嚴，乃至他方世界恒沙數諸佛，皆是自性的清淨妙相，皆是彌陀的無上莊嚴。淨土不離當下，十方盡在方寸。蕅益大師云：「十方虛空，微塵國土，元我一念心中所現物。」「西方依正主伴，皆吾現前一念心中所現影。」（《淨土十要》。《卍續藏》第六十一冊，第六四五頁上。）既然如此，他方世界，十萬億佛，豈能在廣大無邊的自性之外？

對於已經往生極樂國土的人來說，或曰對於已經往生自性淨土的人來說，山河大地是如來，森羅萬相是諸佛。何以故？即心是佛，則萬相皆佛。此心清淨，則萬相清淨。釋迦牟尼佛睹明星而悟道時，大地眾生及山河大地，與他一時成佛。虛雲老和尚悟道時，他也感慨地說：「燙著手，打碎杯，家破人亡語難開。春到花香處處秀，山河大地是如來。」（岑學呂編著，《虛雲法師年譜》，宗教文化出版社一九九五年版，第二十二頁。）恒常寂照的自性妙體，即是清淨法身。生生不息的無量萬相，即是百千萬億化身。體相一如的自心實相，即是圓滿報身。方便說三身，實際是一身。惠能大師云：「法身報身及化身，三身本來是一身。若向性中能自見，即是成佛菩提因。」法身報身及化身，只是諸人心上的事。既然如此，我們又到哪裡去供養諸佛呢？

悟了自心，則形形色色無非是佛。迷了自心，則三十二相，也是眾生。莫於心外覓莊嚴，莫於心外尋諸佛。若於心外覓莊嚴，若於心外尋諸佛，此是外道法，不是佛法。

打破彼此，恢復本來，當下即是彼岸。切莫見了「彼岸」二字，便以為彼岸在那裡，此岸在這裡，猶如世人過河，從此岸到彼岸，從這裡到那裡。若是這樣向外尋找，則千生萬劫也不得到彼岸。佛教說的此岸，即是愚迷的當下。佛教說的彼岸，即是覺悟的當下。覺悟個什麼？覺悟自心實相。覺悟了自心實相，當下是彼岸。不悟自心實相，即使走遍天涯，尋遍太空，那也是找不到彼岸的，那也是找不到淨土的。

若是到了彼岸，當下即是十方。十方世界，恒沙諸佛，皆是妙明真心中物，與妙明真心一體如如。猶如明鏡中的影子，與明鏡一體不二。所以，供養他方十萬億佛，這也只是個「本位不移，起應萬機」的事。這個「本位不移，起應萬機」的大神通，不是修練而成的，而是自性本自具足的，而是自性本自現成的。

立於自性，普現萬相，則一切聲皆是天樂，一切色皆是黃金，一切香皆是心香，一切味皆是法味，一切觸皆是妙觸，一切法皆是佛法，一切相皆是諸佛。立於自性，普現萬相，則十方諸佛，皆是自性的化現，亦名阿彌陀佛成就如是功德莊嚴。這一段經文告訴我們，一色一香，一舉一動，皆是自性本然的功德莊嚴。

到了彼岸，即無此岸。此岸既無，彼岸何存？彼岸也假名。所以說，這時的彼岸世界，已經不是彼此相待的彼岸世界，而是絕待無對的一真法界。

# 彌陀化音，演暢佛法

復次，舍利弗！彼國常有種種奇妙雜色之鳥，白鵠，孔雀，鸚鵡，舍利，迦陵頻伽，共命之鳥。是諸眾鳥，晝夜六時，出和雅音，其音演暢五根❶、五力❷、七菩提分❸、八聖道分❹如是等法。其土眾生，聞是音已，皆悉念佛，念法，念僧❺。

【章　旨】往生極樂淨土後的境界，是個清淨微妙的境界。心清淨微妙故，則一切音聲清淨微妙，皆念自性三寶。是諸眾鳥，晝夜六時，出和雅音。雜色之鳥，及和雅音，是個比喻，比喻自心清淨的人，在他的境界裡，一切音聲皆是清淨微妙的。是諸眾鳥，及和雅音，皆是阿彌陀佛的功德化現，皆是自性的功德化現。

【注　釋】❶五根　信根，信奉正法。勤根，勤修正法。念根，憶念正法。定根，住於正法。慧根，思維正法。信、勤、念、定、慧這五種法，是生起一切善法的根本，故名五根。❷五力　信仰力、精進力、正念力、禪定力、智慧力。這五種力，能破除一切惡法，故名五力。❸七菩提分　又名七覺分、七覺支、七等覺支，五根、五力所顯發的七種覺悟。一、擇法菩提分。以智慧揀擇法的真偽。二、精進菩提分。以精進心，力行正法。三、喜菩提分。心得正法，而生歡喜。四、輕安菩提分。煩惱減少，身心愉快。五、念菩提分。自然而然，常思正法。六、定菩提分。住持正法，心不散亂。七、捨菩提分。捨棄虛妄，行持正法。❹八聖道分　又名八聖道、八正道。一、正見。正確的知見，正確的見解。二、正思惟。正確的思惟，正確的體會。三、正語。正確的言語，正確的念頭。四、正業。正確的身行、正確的言語、正確的意念。五、正命。正確的生活方式。六、正精進。正確的用功。七、正念。憶念正道，遠離邪道。八、正定。正確的禪定，身心泰然。修此八聖道，可以解脫貪欲，出離娑婆。❺念佛念法念僧　念者，皈依也，契合也。佛者，彌陀也，圓覺也。法者，無住也，妙用也。僧者，清淨也，和合也。皈依覺，邪迷不生。皈依妙，念念無住。皈依僧，處處無染。

【語　譯】又，舍利弗！阿彌陀佛的極樂國土，常有各種奇妙、異色的鳥，白鶴，孔雀，鸚鵡，舍利，迦陵頻伽，共命之鳥，一天到晚，發出微妙和諧的聲音，用這些聲音演說五根、五力、七菩提分、八聖道分等無量妙法。阿彌陀佛極樂國土的人民，聽了這樣的法音，無不念佛、念法、念僧。

【釋　義】昧卻自性，住境著相，則色聲香味觸法，皆成縛人的繩索。色塵之中，恒沙無數。聲塵之中，恒沙無數。六塵之中，各有恒沙無數。如此眾多的繩索，縱橫交錯，套在眾生身上，無由獲得解脫。欲求解脫，那麼，這個求解脫的心，及其求解脫的行，則又成另一繩索。這種解脫，只是換了個自我捆綁的繩索，根本不是真正的解脫。

恒沙無數的求解脫的人，大多落入宗教妄想之中，稍微優等的人，則落入功夫境界。這樣的宗教妄想，這樣的功夫境界，依然未出娑婆，只是在娑婆世界裡換了個地方，換了個自我捆綁的繩索。譬如煩惱，智者看來，本來無根，形同泡影。然而，迷人卻要想個辦法，試圖去掉這個煩惱。結果是，這個煩惱沒去，那個煩惱又來。如此求解脫的路途，總是從這個煩惱而到那個煩惱，不能獲得究竟解脫。偶有機緣，他聽人說，有個世界，名曰極樂，那裡有位阿彌陀佛，接引眾生，往生極樂世界。在極樂世界，永生不死，只有快樂，無有痛苦。於是，借著他人的言說，憑著自己的妄想，想像出一個阿彌陀佛，想像出一個極樂世界，想像出一個往生後的生活。其實，這一切的一切，皆是依文解義，皆是顛倒妄想，皆是娑婆世界中的事。這種情況，便是用宗教繩索代換了世俗繩索，便是用宗教妄想代換了世俗妄想。繩索終歸還是繩索，妄想終歸還是妄想，而不是「如來真實義」。

〈開經偈〉云：「無上甚深微妙法，百千萬劫難遭遇，我今見聞得受持，願解如來真實義。」哪個法是「無上甚深微妙法」？目前的一切相，包括佛相、法相、僧相，皆是過來過去的，皆不永久，皆不可靠，皆不是「無上甚深微妙法」。耳畔的一切聲，包括彌陀聖號、有聲經文，皆是過來過去的，皆不永久，皆不可靠，皆不是「無上甚深微妙法」。我們心中的一切念頭，包括佛念、法念、僧念，皆是過來過去的，皆不永久，皆不可靠，皆不是「無上甚深微妙法」。那麼，哪個法是「無上甚深微妙法」？這裡不識，不免顛倒，總在娑婆。這裡識得，輪回終止，當下往生。憨山大師云：「大休歇處不尋常，妄想消時世已忘。都向別求真極樂，誰知當下是西方。」（《憨山老人夢遊集》卷第三十八。《卍續藏》第七十三冊，第七三九頁上。）一句彌陀，頓斷妄想，悟得自心，當下西方。延壽大師云：「仙堂不近亦不遠，徘徊只是眾中央。若欲行住仙堂裡，不用匍匐在他鄉。若欲求念彌陀佛，東西南北是西方。西方彌陀觸處是，面前背後七重行。」（《宗鏡錄》卷第二十九。《大正藏》第四十八冊，第五八九頁上。）

往生極樂已，一切音聲，皆是和雅音，皆念佛法僧。何以故？心淨則佛土淨，心佛則萬相佛。經云：「是諸眾鳥，晝夜六時，出和雅音，其音演暢五根、五力、七菩提分、八聖道分如是等法。」這是悟道後的境界，這是往生後的境界，也是自性本然的境界。蓮池大師云：「自性變化，是眾鳥義。自性出生一切法門，是根力覺道義。」又云：「妙色雅音，全體是自心顯現，何得高推聖境？又，心地含諸種，則五根等，全體是自心培植，何得向外馳求？故先德謂信心堅固，湛若虛空，即五根力。覺心不起，即七覺支。直了心性，邪正不干，即八正道。故云海生萬物，無物不海。心生萬法，無法不心。」（《阿彌陀經疏鈔》。《卍續藏》第二十二冊，第六四八頁中。）

「是諸眾鳥，晝夜六時，出和雅音，其音演暢五根、五力、七菩提分、八聖道分如是等法。」這段經文，不是眾生妄想的那個樣子，二六時中，在在處處，皆是鳥鳴，吃飯時眾鳥鳴叫，走路時眾鳥鳴叫，睡覺時眾鳥鳴叫，這樣的百鳥齊鳴的生活環境，我們能夠用科學技術創造出來。盼望「是諸眾鳥，晝夜六時，出和雅音」的人，是否願意生活在這樣一個百鳥齊鳴的環境裡？凡夫之人，生活在這樣的環境裡，非得瘋掉不可。學佛修道，切忌依文解義。何以故？依文解義，三世佛冤。

若欲轉六塵，一一成圓妙，當須悟自心，原本即如是。這個自心，即是彌陀，也是諸人的本來，也是萬法的源頭。釋迦牟尼佛睹明星而悟道，這滿天的星星是從何處現的？這裡便是萬法的源頭。六祖惠能借經典章句而悟心，這念念而過的經典章句是從何處起的？這裡便是萬法的源頭。禪宗直指之處，即是淨宗隱喻之處。或直指，或隱喻，方式有別，指歸不二。若有二處，即非佛法。千萬不要說我們是淨宗，他們是禪宗，更不要對禪宗不屑一顧。若是這樣，口舌未動，妄語已成。執著淨土，分別禪淨，如此執著，心已不淨，哪裡還是什麼淨宗？

「彼國常有種種奇妙雜色之鳥，白鵠，孔雀，鸚鵡，舍利，迦陵頻伽共命之鳥。是諸眾鳥，晝夜六時，出和雅音。」此方眾生，耳根圓通，故《佛說阿彌陀經》，借助聲塵，演說妙法，令諸有緣，得聞妙音，而得解脫。迷時，聲塵即是繩索，是諸鳥鳴，皆是繩索。悟了，聲塵即是妙音，是諸鳥鳴，皆成妙音。迷即娑婆，悟即淨土。迷之與悟，只在心上這麼一脫，這麼一見。若能一脫脫得，一見見得，一肯肯定，不再疑惑，於此當下，即是淨土。經云：「是諸眾鳥，晝夜六時，出和雅音。」若不悟心，而是試圖讓天下眾鳥按照我的意願鳴叫，試圖讓天下眾生按照我的意志發音，這是世間英雄所為，究竟還是造業受報，自討苦吃。

淨土世界的一切音聲，皆阿彌陀佛的功德幻化，皆自性法身的功德幻化，「演暢五根、五力、七菩提分、八聖道分如是等法」。「如是等法」，不僅包括「五根、五力、七菩提分、八聖道分」，也包括無量萬法。無量萬法，皆從一音而生，經云：「佛以一音演說法，眾生隨類各得解。」（《維摩詰所說經》。《大正藏》第十四冊，第五三八頁上。）這一音，大音希聲。這一音，眾音源頭。這一音，清淨寂滅。這一音，遍滿法界。識得這一音，眾音皆是法音。昧卻這一音，虛聲亦成繩索。這一音，羅漢根性聞之，則是苦集滅道。緣覺根性聞之，則是十二因緣。菩薩根性聞之，則為般若波羅密。緣一切根性，則成一切佛法。根性無量，法門無盡。這一音，諸人還得聞否？

「其土眾生，聞是音已，皆悉念佛，念法，念僧。」念非口喊，而是回歸。佛非他人，而是自性。法非文字，而是妙用。僧非比丘，而是和合。念佛，即是回歸自性。念法，即是回歸妙用。念僧，即是回歸和合。

自性圓覺，即是佛。自性清淨，即是法。自性和合，即是僧。蓮池大師云：「自性真心一體，是佛法僧義。」又云：「唯一真心，更無別體。心體本自覺照，即佛寶。心體本自性離，即法寶。心體本自不二，即僧寶。故曰自歸依佛，自歸依法，自歸依僧。但令歸自，不說歸他。念念還歸自心，是名真念三寶。」（《阿彌陀經疏鈔》。《卍續藏》第二十二冊，第六四九頁上。）

禪宗惠能大師云：「善知識！歸依覺，兩足尊。歸依正，離欲尊。歸依淨，眾中尊。從今日去，稱覺為師，更不歸依邪魔外道，以自性三寶常自證明。勸善知識歸依自性三寶。佛者，覺也。法者，正也。僧者，淨也。自心歸依覺，邪迷不生，少欲知足，能離財色，名兩足尊。自心歸依正，念念無邪見，以無邪見故，即無人我貢高，貪愛執著，名離欲尊。自心歸依淨，一切塵勞愛欲境界，自性皆不染著，名眾中尊。若修此行，是自歸依。凡夫不會，從日至夜受三歸戒。若言歸依佛，佛在何處？若不見佛，凭何所歸，言卻成妄。善知識！各自觀察，莫錯用心。經文分明言自歸依佛，不言歸依他佛。自佛不歸，無所依處。」《六祖大師法寶壇經》。《大正藏》第四十八冊，第三五四頁中。）

凡愚不知，佛是自性，以為相好，即是佛寶，故把喊他，當作念佛。凡愚不知，法是妙用，以為文字，即是法寶，故把念書，當作念法。凡愚不知，僧是和合，以為剃髮，即是僧寶，故把念他，當作念僧。結果，著相外求，總在顛倒。如此而念，莫說一生不得往生，即使千生萬劫，也總在娑婆。何以故？不依如來真實義，但依自己顛倒想。如此顛倒，豈能往生？

## 一切萬法，皆由心生

舍利弗！汝勿謂此鳥實是罪報所生。所以者何？彼佛國土無三惡趣❶。舍利弗！其佛國土尚無三惡道之名，何況有實？是諸眾鳥，皆是阿彌陀佛欲令法音宣流❷變化所作。

【章旨】諸惡莫作，則惡道亡。眾善奉行，則善道生。自心清淨，則生淨土。淨土生已，純一清淨。純一清淨，萬相清淨。如是境界，如是微妙，山還是山，水還是水，是法住法位，世間相常住，法界萬相，皆成淨土莊嚴。

【注釋】❶三惡趣 又名三惡道。貪瞋痴輕者，名為天、人、阿修羅三善道。貪瞋痴重者，稱為畜生、餓鬼、地獄三惡道。❷法音宣流 法即自性，法即法身。音即妙用，音即現相。宣即宣流，宣即遍布。流即流淌，流即流露。法音宣流，即自性法身的全體顯露，即阿彌陀佛的廣長舌相。

【語譯】舍利弗！你不要認為這些鳥是惡業所造成的業報身。為什麼呢？這是因為，阿彌陀佛的極樂國土，沒有三惡道。舍利弗！阿彌陀佛的極樂國土，就連三惡道的名字也沒有，哪裡會有三惡道的實際呢？這些奇妙的鳥，皆是阿彌陀佛變化出來的，用來宣說佛法的妙義。

【釋義】白鵠，孔雀，鸚鵡，舍利，逐一名字，皆是表法，表阿彌陀佛的功德，表自性彌陀的功德。蓮池大師云：「自性變化，是眾鳥義。」（《阿彌陀經疏鈔》。《卍續藏》第二十二冊，第六四八頁中。）切莫聞白鵠之名，便作白鵠之想。切莫聞孔雀之名，便作孔雀之想。切莫聞鸚鵡之名，便作鸚鵡之想。聞一切名，作一切想，即是顛倒妄想，不是佛法的義。

極樂國土，種種莊嚴，無量變化，皆是阿彌陀佛變化所作，皆是阿彌陀佛的功德莊嚴。若以萬相而論，這無量萬相，即是阿彌陀佛的百千萬億化身。若以一合相而論，這全體大相，即是阿彌陀佛的圓滿報身。若以源頭而論，這千變萬化的主人，即是阿彌陀佛的清淨法身。立足於這個清淨法身而觀天下，則一切音皆是法音，一切相皆是法相。所以，白鵠、孔雀、鸚鵡、舍利等名，不可作白鵠、孔雀、鸚鵡、舍利之想。若作白鵠、孔雀、鸚鵡、舍利之想，乃至作阿彌陀佛變化眾鳥之想，皆是依文解義，皆是顛倒妄想。蓮池大師云：「性具諸法，依性起修，果上自能色心互融，依正不二，皆悉說法。是則鳥音演暢，法爾自然，非佛有心，特為變作也。」（《卍續藏》第二十二冊，第六四九頁中。）離心之外，無有彌陀。彌陀即自心，自心即彌陀。離心之外，無有眾鳥。眾鳥即心相，心相即眾鳥。離此心外，更有彌陀，離此心外，更有眾鳥，是諸人等，皆是心外求法。心外求法，即是外道。

修行淨土，當觀自性。自性體上，一色一香，一塵一剎，皆是白鵠、孔雀、鸚鵡、舍利眾鳥所表，皆是自性妙體的無盡妙相，皆是自性妙體的功德莊嚴，亦名阿彌陀佛的功德莊嚴。

表法而言，則曰雜色之鳥，和雅之音，皆彌陀變化。稱理而言，則曰雜色之鳥，和雅之音，皆自性變化。彌陀者，自性也。彌陀是表法，自性是直言。見得自性，見得彌陀，則一切法皆是佛法，一切音皆是佛音。既然如此，又到哪裡見自性？又到哪裡見彌陀？若欲見佛，只須見性。見得自性，即見彌陀。見了自性，見了彌陀，則當下即是極樂，一切色相，一切音聲，皆是自性的化現，皆是自性的莊嚴，無掛無礙，無縛無脫，哪裡還有什麼業報？當體即是阿彌陀佛的三身四德，當體即與三世諸佛無二無別。

問：是諸眾鳥，表示什麼？

答曰：《佛說阿彌陀經》中的白鵠、孔雀、鸚鵡、舍利等，皆是隨順世情的表法。世人皆喜歡白鵠、孔雀、鸚鵡、舍利等，那麼，《佛說阿彌陀經》便用來詮釋阿彌陀佛的功德莊嚴，用來詮釋自性法身的功德莊嚴。在自性法身這個第一義上，人人皆是這樣的功德莊嚴，大地眾生的如來智慧德相，本來就是這樣的功德莊嚴。我們修行佛法的過程，就是恢復自己的如來智慧德相的過程。恢復了自己的如來智慧德相，就是往生了阿彌陀佛極樂淨土，切不要作前往某個地方想。

問：修行過程中，見到了許多白鵠、孔雀、鸚鵡、舍利等鳥，是否就是到了極樂世界？

答曰：或靜坐，或念佛，或參禪，或觀想，若是出現了許許多多的白鵠、孔雀、鸚鵡、舍利等景象，此是心識種子的定中現相，猶如做夢，夢中境界，皆業識種子的變現，本無實際，若是認著，即成投生之處。投生便是赴死。何以故？生之與死，一體兩面，得生必得死。

聞說白鵠，便作白鵠想。聞說孔雀，便作孔雀想。終日念誦經文，終日作此鳥想。終日作此鳥想，即成業識種子。待到用功時，待到六識、七識歇下時，八識中的業識種子就會變現出來，成為一種圖像，於人心中，飄來飄去，形象逼真，則成一個鳥的世界。這樣的鳥世界，不是淨土世界的法音流布，而是娑婆世界的顛倒妄想。

見了自性，即是見了彌陀。見了自性的人以自性妙體為我，以法身正位為我，那麼，自性妙體所現的一切，皆是自性妙體的功德莊嚴，皆是阿彌陀佛的功德莊嚴。

回歸了自性，往生了淨土，則溪聲山色，皆是廣長舌，鴉鳴鵲噪，無非最上乘。光皎皎，遍含萬相而無一物。直了了，應緣十方而常寂滅。到得這裡，在在處處，即為有佛，塵塵剎剎，無非淨土。

問：如何是「彼佛國土無三惡趣」？

答曰：蓮池大師云：「自性本無貪瞋痴等，是無三惡道義。」（《阿彌陀經疏鈔》。《卍續藏》第二十二冊，第六四九頁下。）貪嗔痴，名為惡。戒定慧，名為善。熄滅貪嗔痴，勤修戒定慧，〈七佛通偈〉所謂「諸惡莫作，眾善奉行」是也。熄滅貪嗔痴，勤修戒定慧，此是方便法門，不是究竟了義，故〈七佛通偈〉又云，「自淨其意，是諸佛教」。善惡悉解脫，一物亦不留，是名自淨其意，是名諸佛教。

捨貪嗔痴，修戒定慧，當下清明，不逐境遷，是名住善境界。於善境界上，一機來臨，善境頓脫，即名彌陀現前。此時，石擊電火，稍縱即逝。若復有人，於此當下，直下見得這個空明朗淨的自性，一肯肯定，不再疑惑，是名花開見佛，亦名疑情頓消，當下見性。到得這裡，萬法如幻，皆彌陀變化所作，皆自性變化所作，皆是自性功德莊嚴。蓮池大師云：「自性本具如幻法門，是變化所作義。」（《阿彌陀經疏鈔》。《卍續藏》第二十二冊，第六四九頁下。）

以佛眼觀之，以自性而觀之，善道惡道，悉皆如幻。如空中電，豈能動得虛空？如鏡中影，豈能動得明鏡？一幻全幻，極幻極妙。誰得受用？唯佛一人，受此大樂。佛是何人？赤肉團上的無位真人。千佛萬佛，恒沙諸佛，皆是他變化的。他不是別人，正是諸人「本真的自己」。

自性法中，無貪嗔痴，故曰極樂淨土，無三惡道。既無貪嗔痴，豈有戒定慧？既無三惡道，豈有三善道？極樂淨土，一切境相，人天大眾，皆彌陀變化所作。既然皆是彌陀變化所作，則一一境界，皆是彌陀，華嚴所謂一真法界，法界一真。蓮池大師云：「不二門中，貪嗔痴即戒定慧，則善道惡道，悉皆如幻。幻無自性，唯是一心。一心不生，萬法俱息。」

《阿彌陀經疏鈔》。《卍續藏》第二十二冊，第六四九頁下。）

問：往生極樂國土，這個「往生」是何義？

答曰：往生極樂國土，就是回歸自性，而不是從這裡死去，又從那裡生出。世人所說的生，是生死相對的生。佛教所說的「往生」，則是回歸到那個絕對的真體，回歸到那個不生不滅、清淨無染的自性妙體。世俗說生，佛教說生，名字相同，義則迥異。不可用凡情的義充當佛教的義。若用凡情的義充當佛教的義，那就是用自己的妄想充當佛義，那就是謗佛。謗佛，不是說佛的壞話，而是違背自己的覺性妙體。佛者，覺性妙體也。這個覺性妙體，即是化現萬相的真佛。所以說，謗佛不是說佛的壞話，而是違背這個覺性妙體。妄想佛義，自肯自是，說於他人，令人信受。此等罪過，勝過殺人放火。

在《大般涅槃經》中，佛告大迦葉：「迦葉，世間眾生，顛倒覆心，貪著生相，厭患老死。迦葉，菩薩不爾，觀其初生，已見過患。」（《大正藏》第十二冊，第四三五頁中。）接著，佛又給大迦葉講了一個故事，用來說明這個道理。為方便閱讀，用白話復述如下。

一位非常美麗的女人，她的皮膚，白淨得沒有一絲瑕疵，她的五官，端莊得人間難以見到，她用最上好的瓔珞裝飾自己，然後，走進一家人的屋子。

主人看了，非常喜歡，就問這位漂亮的女人：你叫什麼名字？家住在哪裡？

女人回答說：我是功德大天。

主人問：那麼，你所到之處，能做什麼？

女人說：我所到之處，能給人帶來金銀、琉璃、車磲、瑪瑙、象、馬、車乘等等財富。

主人聽了，非常歡喜，心想：我是一個有福德的人，感得功德大天來到我家。於是，主人燒香散花，恭恭敬敬地供養這位女人。

這時，主人又見到另一位女人，正站在門外，她長得非常醜陋，衣裳也破爛不堪，沾滿了垢膩與塵埃，她的皮膚又皺又裂，顏色灰敗蒼白。

主人見了這一位女人，覺得非常奇怪，世上怎麼會有這樣醜陋的女人呢？於是，主人就問這個醜女人：你叫什麼名字？家住在哪裡？

醜女人說：我的名字叫黑暗。

主人問：你為什麼叫黑暗？

醜女人說：我所到之處，能使那裡的財寶消耗殆盡。

主人聽了，非常生氣與厭惡。於是，跑進屋裡，拿出一把利刀，威脅那位醜女人說：你趕快走開，如果不趕快走開，小心我殺了你。

醜女人回答道：你真是太愚痴了，一點智慧也沒有。

主人說：你為什麼說我愚痴，沒有智慧？

醜女人說：剛剛進入你家的那個女人，就是我的姐姐。我和我的姐姐，是行止共俱，形影不離的，你如果要趕我走，我姐姐也會和我一起走的。

主人聽了，不太相信，為什麼兩個人的相貌差別這麼大而又形影不離呢？於是，主人跑進屋裡，問功德大天：外面有一個女人，自稱是你的妹妹，是真的嗎？

功德大天說：是真的。我和這個妹妹，如同形影，不可分離。我們一起到人家裡，我作利益，她作損耗。愛我的人，也應該愛她，恭敬我的人，也應該恭敬她。

主人聽了之後，說道：如果每一件好事，都與壞事相連，那我寧可好事壞事都不要，請你們走吧。

於是，兩個女人，一前一後，相隨而去。主人看著她們的背影，心裡感到非常平靜，非常歡喜。（《大般涅槃經》卷十二。《大正藏》第十二冊，第四三五頁中下。）

往來是兩頭，生死是兩頭。於兩頭中，取往而捨來，取生而捨死，如此而往，如此而生，則非《佛說阿彌陀經》所說的往生，而是世俗凡情所說的投胎。《佛說阿彌陀經》所說的往生，則是往生淨土，或曰回歸自性。往生淨土，回歸自性，實無往來，亦無生死。

## 心若無住，萬法皆妙

舍利弗！彼佛國土，微風吹動，諸寶行樹❶，及寶羅網❷，出微妙音，譬如百千種樂，同時俱作。聞是音者，皆自然生念佛、念法、念僧之心。舍利弗！其佛國土成就如是功德莊嚴。

【章旨】微風者，外緣也。寶行樹，寶羅網，內因也。內因外緣，皆自心之相，而非離心別有。因緣所生法，佛說即是空。極空極妙，極妙極空。空妙二名，同指一實。自心清淨，則聲聲念佛，念念歸覺。自心清淨，則聲聲歸正，法法無邪。自心清淨，則聲聲歸淨，處處無染。

【注　釋】❶寶行樹　莫作樹想，這不是木頭樹，而是個比喻，喻種種智慧。猶如釋迦佛於菩提樹下降魔成佛，這個菩提樹，不是木頭樹，而是個比喻，喻智慧。也就是說，唯有依靠智慧，方能成就佛道。

❷寶羅網　莫作網想，這不是狩獵網，而是個比喻，喻種種禪定。四維大網，廣闊無邊，淨土境界，一體如如。打破小我，回歸大我。放棄娑婆，往生淨土。回歸了大我，往生了淨土，那個境界，即是一體如如的淨土境界，以寶羅網而喻之。

【語　譯】舍利弗！阿彌陀佛的極樂國土，常有微風吹動七寶行樹及七寶羅網，令寶樹寶網發出微妙的聲音，這聲音就像很多的樂器一起演奏。凡是聽到這種微妙聲音的人，自然而然就會生出念佛、念法、念僧的心。舍利弗！阿彌陀佛的極樂國土，成就了這樣的功德莊嚴。

【釋　義】「彼佛國土，微風吹動，諸寶行樹，及寶羅網，出微妙音」。這是往生之後的境界，亦名見性之後的境界。往生之後，或曰見性之後，則形形色色，盡是佛法，塵塵剎剎，無非妙音。若在娑婆，若未見性，即使最美妙的音樂，那也不是微妙音，而是聲塵。

問：如何是「微風吹動，諸寶行樹，及寶羅網」？

答曰：不是風動，不是幡動，仁者心動。風相幡相，皆是心相。風動幡動，皆是心動。

經云：「微風吹動，諸寶行樹，及寶羅網，出微妙音。」不是風動，不是樹動，不是網動，仁者心動。見性之人，他的見色聞聲，起心動念，皆是「微風吹動，諸寶行樹，及寶羅網，出微妙音」，風動樹動，寶網之動，皆是自心發出的微妙音。自心本然如是，非假造作而成。蓮池大師云：「自性理智交融，是風樹義。」又云：「理含萬法如樹，智周法界如風。智與理冥，理隨智顯，然而風樹各不相知，理智原無二本。百千種樂，不是風作，不是樹作，仁者心作。」(《阿彌陀經疏鈔》。《卍續藏》第二十二冊，第六五〇頁下。) 微風寶樹，及寶羅網，一切萬相，皆不在心外。若人證得了自心，若人回歸了自性，則當下即是「微風吹動，諸寶行樹，及寶羅網，出微妙音」的淨土境界。蓮池大師云：「自性般若，周遍法界，是鳥樹說法義。」又云：「《首楞嚴鈔》云：『若能轉物，即同如來。』以心外無物，物即是心，但心離分別，即是正智般若，周遍法界，無有障礙。是故西方水鳥樹林，悉皆說法。今不見鳥樹說法，以未離念故。《起信》云：『離念相者，等虛空界。』是故虛空界中，普皆說法。」(《阿彌陀經疏鈔》。《卍續藏》第二十二冊，第六五一頁上。)

釋迦睹明星而悟道時，滿天的星星皆是寶樹寶網，滿天的星星皆是自性化現，滿天的星星皆是微妙法音。

釋迦拈花，迦葉微笑。釋迦手中的鮮花，即是寶樹寶網，即是自性化現，即是微妙法音。靈山法會，儼然未散。微妙法音，還得聞否？

明心見性者，或曰花開見佛者，悉皆得聞如是妙音。這個妙音，「若將耳聽終難會，眼處聞聲方得知」。

(洞山良价) 參謁雲巖道人，問：「無情說法，甚麼人得聞？」

雲巖云：「無情得聞。」

師（洞山良价）云：「和尚聞否？」

雲巖云：「我若聞，汝即不聞吾說法也。」

師云：「某甲為甚麼不聞？」

雲巖豎起拂子，云：「還聞麼？」

師云：「不聞。」

雲巖云：「我說法，汝尚不聞，豈況無情說法乎。」

師云：「無情說法，該何典教？」

雲巖云：「豈不見《彌陀經》云，水鳥樹林，悉皆念佛念法。」

師于此有省，乃述偈云：「也大奇，也大奇，無情說法不思議，若將耳聽終難會，眼處聞聲方得知。」（《瑞州洞山良价禪師語錄》。《大正藏》第四十七冊，第五一九頁下至第五二〇頁上。）

寶樹寶網，出微妙音。現相無量，妙音無量，故云「譬如百千種樂，同時俱作」。百千種樂，只是百千種相，而不是凡夫愛聽的百千種音樂。凡夫愛聽的音樂，無論多麼悅耳，那也是娑婆世界的聲塵，而不是極樂世界的妙音。

極樂國土，即是諸人當下的這個朗現十方、一塵不染的自心實相。證得自心實相，則形形色色，皆是佛法，塵塵剎剎，無非妙音。證得自心實相，一體三寶，不是他人，只是諸人「本真的自己」。

問：如何是「聞是音者，皆自然生念佛、念法、念僧之心」？

答曰：佛，即是自性法身。法，即是無住妙用。僧，即是萬相和合。佛法僧三寶，是自性三寶，而不是向外求來的。切莫向外求，求即落邪魔。

念佛，即是恢復自心的本來面目，而不是向外喊他。念法，即是恢復自心的無住妙用，而不是念叨經文。念僧，即是恢復自心的一體如如，而不是念叨出家僧人。證悟一體三寶，是佛法的根本大事，切莫著相外求。

如今念佛人，多是向外喊他，多是向外求他。喊他幹麼？求他幹麼？如同世間簽約，我念他，我喊他，他便把我接到西方極樂世界去。到了西方極樂世界，就能聽到眾鳥發出和雅音，就能聽到寶樹、寶網發出的微妙音，就能見到極樂淨土的空中樓閣。如此妄想，如此外求，即是「以音聲求我，以色相見我，是人行邪道，不能見如來」。

於淨宗能見禪宗，是真淨宗行者。

於禪宗能見淨宗，是真禪宗行者。

於一宗能會諸宗，是真佛宗行者。

於一法能見萬法，是真一法行者。

於儒家能見佛家，是真儒家行者。

於佛家能見儒家，是真佛家行者。

清淨光明的自性法身，是不分門派的聖賢正法，是無名無相的聖賢法脈。萬法歸宗，只歸這裡。淨土法門，亦復如是。

# 淨土世界，壽命無量

舍利弗！於汝意云何？彼佛何故號阿彌陀？舍利弗！彼佛光明無量，照十方國，無所障礙，是故號為阿彌陀。又，舍利弗！彼佛壽命，及其人民，無量無邊阿僧祇劫❶，故名阿彌陀。

【章旨】光明無量，故號阿彌陀。壽命無量，故號阿彌陀。顧名思義，阿彌陀即無量光，阿彌陀即無量壽。無量光，無量壽，人人皆具，個個不缺，他便是諸人的自性法身，他便是諸人的自性彌陀。自性法身，自性彌陀，不屬修成。何以故？若言修成，修成還壞。自性彌陀，原本如是，只須證悟，只須契合，來不得絲毫造作及添加。若有絲髮可得，燃燈佛則不與我授記，汝於來世，當得作佛，號釋迦牟尼。

【注釋】❶阿僧祇劫　阿，即無量。僧祇，即數目。劫，即極大的時長，年月日所不能計的時長。阿僧祇劫，即無盡的時長，或曰永恒的存在。

【語譯】舍利弗！你知道嗎？彼佛為什麼叫做阿彌陀？舍利弗！彼佛的光明，無量無邊，照徹十方，無有障礙，所以叫做阿彌陀。又，舍利弗！彼佛的壽命，有無量無邊劫數之多，彼佛的人民，有無量無邊劫數之多，所以叫做阿彌陀。

**【釋　義】** 經云：「舍利弗！於汝意云何？彼佛何故號阿彌陀？舍利弗！彼佛光明無量，照十方國，無所障礙，是故號為阿彌陀。」釋迦佛告舍利弗，屏息諸念，反觀自見，試觀這圓覺自性，是否光明無量？試觀這圓覺自性，是否普照十方？試觀這圓覺自性，是否無所障礙？如是反觀，如是自見，即是佛說「於汝意云何」的意。若不反觀自見，而是著相見他，是名顛倒，是名外道。蓮池大師云：「世人起于意識，念念逐外籌量，是邪思惟也。旋其意識，扣己而參，思之又思，思盡還源，思無所思，全身即壽即光，何論彼佛此佛？」（《阿彌陀經疏鈔》。《卍續藏》第二十二冊，第六五一頁中。）

若人作這樣的妄想：在太陽落的那個西方，那裡有一尊阿彌陀佛，他光明無量，照十方國，無所障礙。若這樣想，即是妄想。這樣的妄想，這樣的外求，是人行邪道，不能見如來。

釋迦以光、壽指示自性。光遍十方，壽通三際。光壽交徹，名曰法界，或曰法身，或曰阿彌陀。即此法界體，即是阿彌陀。這個阿彌陀，不是別的物，正是諸人的本覺光明。蕅益大師云：「本師以光、壽二義收盡一切無量。光則橫遍十方，壽則豎窮三際。橫豎交徹，即法界體。舉此體作彌陀身土，亦即舉此體作彌陀名號。彌陀名號，即眾生本覺理性。持名，即始覺合本。始本不二，生佛不二，故一念相應一念佛，念念相應念念佛也。」（《淨土十要》卷第一。《卍續藏》第六十一冊，第六五一頁中。）既然彌陀名號，所指的那個實際，即是眾生的本覺，即是眾生的理性，或曰自性，那麼，眾生持名念佛，便是念自己的本覺，即是念自己的自性，而不是向外喊他。回歸了本覺光明，回歸了自性光明，即是往生了彌陀淨土，亦名回歸了自性淨土，而不是把自己搬遷到物理空間的某個地方。

自性本體，即是法身彌陀，寂而常照，照而常寂，橫跨三際，豎窮十方，不生不滅，壽命無量。這個自性本體，宗下稱為本來面，淨宗稱為常寂光。自性本體，不生不滅，故曰壽命無量。自性本體，朗照十方，故曰光明無量。蓮池大師云：「自性常照，是光明義。自性常寂，是壽命義。自性寂照不二，是阿彌陀義。」（《阿彌陀經疏鈔》。《卍續藏》第二十二冊，第六五三頁上。）蕅益大師云：「心性寂而常照，故為光明。今徹證心性無量之體，故光明無量也。諸佛皆徹性體，皆照十方，皆可名無量光。」（《淨土十要》卷第一。《卍續藏》第六十一冊，第六五一頁下。）

若說近，彼佛與眾生，不隔於毫端，猶如太虛空，完整一體，無自無他，有何距離？自性虛空，亦復如是。彼佛光明，即是自性光明。彼佛壽命，即是自性壽命。彼佛即自性，莫向心外求。放下即西方，莫向日落處求。

若說遠，眾生與彼佛，則有十萬億佛土之遙。十萬億佛土之遙，即是眾生心中的十萬億掛礙。凡夫不識自性，見一相，著一相。起一念，著一念。說彼佛，著彼佛。說菩薩，著菩薩。說東著東，說西著西，猶如黏黏膠，碰著便黏，觸到便黏，無始以來，掛礙無量，故曰十萬億佛土之遙。

無量萬相，唯心所現。無量萬相，無非是心。無量萬相，彌陀變化。無量萬相，無非彌陀。是諸眾相，本來是佛，只因著相，故成繩索。著相無量，繩索無量，如此世界，即名娑婆。娑婆界中，亦復有佛，跏趺而坐，常寂不動。柰何眾生，不識彼佛，故於佛身中，枉受諸苦。蓮池大師云：「靈明洞徹，光絕涯涘，湛寂常恒，壽何籌算。常恒而復洞徹，故即壽而光。洞徹而亦常恒，故即光而壽。如是，則阿彌陀佛雖過十萬億剎之外，而實于此娑婆世界眾生心中結跏趺坐，儼然不動。何乃佩長生之訣，枉自殤亡，負杲日之明，翻成黑暗？心本是佛，自昧自心。佛本是心，自迷自佛。」（《阿彌陀經疏鈔》。《卍續藏》第二十二冊，第六五三頁上。）雪峰義存云：「飯籮邊坐餓死人，臨河渴死漢。」（《指月錄》卷第十七。《卍續藏》第八十三冊，第五九一頁中。）

問：如何是飯？如何是水？

答曰：莫向心外去找飯，莫向心外去找水，雲門文偃指示道：「通身是飯，通身是水。」自性是法食，自性是法水，諸人盡在自性法食裡，諸人盡在自性法水中。何柰佩自性飯而餓死，負自性水而渴死。

問：如何是長生之訣？如何是杲日之明？

答曰：心是無量壽，心是無量光，諸人盡在不生不滅的涅槃性體裡，諸人盡在普覺十方的覺性光明裡。蓮池大師感嘆道：「何乃佩長生之訣，枉自殤亡？負杲日之明，翻成黑暗？」只因不識自心，自迷自佛。佛是無量壽，原來是自心。佛是無量光，正是本來人。

彼佛不是他人，正是諸人這普照十方的自性光明。自性即佛，佛即自性，反觀自見，見即成佛。

彼佛者，本源也，自性也。人民者，現相也，妙用也。一切萬相，皆是自性的化現，皆是彌陀的化現。彌陀妙體，不生不滅，永恒常在。彌陀化現，生生不息，無量無邊。何以故？有其體，必有其相。有其體，必有其用。彼國人民，皆是彌陀的化現。彼佛壽命無量，彼國人民亦壽命無量。彼國人民，皆是法身彌陀的化現，亦名蓮花化生。蓮花化生，這是個比喻，切莫當作從蓮花苞裡生出來。今人念佛，打蓮花的妄想，他以為自己在這裡念佛，那裡就有一朵屬於自己的蓮花，蓮花上寫著自己的名字，自己往生的時候，就從寫著自己名字的那朵蓮花裡生出來。這真是依文解義，這真是顛倒妄想。依此妄想而生，盡未來際也生不到西方。

性體常在，妙用無窮。彌陀壽命無量，彌陀妙用無窮。何以故？有其體，必有其用。法身不壞，大千永在。彌陀壽命無量，彌陀妙用亦壽命無量。

徹見阿彌陀佛，不是他人，原來是「本真的自己」。阿彌陀佛壽命無量，正是「本真的自己」壽命無量。眾生往生極樂國土，即是始覺回歸本覺。離卻現前的這一念無相真心，何處更有無量壽？何處更有十方佛？當下回光一見，一見見得，一肯肯定，不再疑惑，便是回歸到了這一念無相真心，便是往生到了極樂國土。若不回歸這一念無相真心，若不往生這極樂國土，即使對面釋迦，那也不是見佛。

## 阿彌陀佛，功德無量

舍利弗！阿彌陀佛成佛已來，於今十劫。又，舍利弗！彼佛有無量無邊聲聞弟子❶，皆阿羅漢❷，非是算數之所能知。諸菩薩❸，亦復如是。舍利弗！彼佛國土成就如是功德莊嚴。

【章　旨】無量無邊聲聞弟子，無量無邊菩薩弟子，皆表自性淨土的功德莊嚴。聲聞弟子，表離欲之德。菩薩弟子，表成佛之德。離一切貪欲，即名一切聲聞。起一切妙用，即名一切菩薩。離無量無邊的貪欲，起無量無邊的妙用，即是極樂世界的功德莊嚴。

【注　釋】❶聲聞弟子　聞佛聲教，知苦、斷集、慕滅、修道，志在求得有餘涅槃，此一類佛弟子，稱為聲聞弟子。❷阿羅漢　聲聞弟子的果位，含有殺賊、無生、應供等義。殺賊是殺盡煩惱之賊，無生是解脫生死不受後有，應供是應受天上人間的供養。❸菩薩　具名菩提薩埵，簡稱菩薩。義為道心眾生，覺有情，誓願成佛的眾生。

【語　譯】舍利弗！自從阿彌陀佛成佛以來，至今已經十劫。又，舍利弗！阿彌陀佛有無量無邊的聲聞弟子，皆是大阿羅漢。這些阿羅漢的數量，算數譬喻，所不能及。阿彌陀佛的菩薩弟子，也有無量無邊之多，算數譬喻，所不能及。舍利弗！阿彌陀佛的極樂國土，成就了這樣的功德莊嚴。

【釋　義】立於始覺，趣向本覺，法藏比丘也。法藏比丘，不是他人，正是諸人的始覺。法藏比丘表「始覺趣向本覺」的因地修行。今人持名念佛，誓願往生極樂國土，正是始覺趣向本覺，正是諸人當下的法藏比丘。

阿彌陀佛表本覺光明。今人持名念佛，若已經往生極樂國土，正是始覺已經歸於本覺。始覺即是菩提薩埵，本覺即是阿彌陀佛。

「阿彌陀佛成佛已來，於今十劫」。成佛者，見性也，所謂見性成佛。十劫者，究竟也，所謂眾生度盡。若論本覺，本來是佛，無有成與未成。若論「始覺趣向本覺」，則確實有個過程。釋迦佛於菩提樹下，睹明星而悟道，是他示現成佛的時節。六祖惠能聞《金剛經》章句而明心，是他示現成佛的時節。「阿彌陀佛成佛已來，於今十劫」，正是見性成佛以來，坐水月道場，行空花佛事。道場水月，佛事空花，於今十劫，有甚實際？佛事既虛，劫則何存？阿彌陀佛，成佛以來，坐水月道場，行空花佛事，即是以果地圓滿，啟發因地修行。

蓮池大師云：「自性本來成佛，是十劫義。」又云：「華嚴舉十，是表無盡。即今自性成佛以來，何止威音那邊更那邊，塵沙劫又塵沙劫也？若定執十劫，昔人道，猶是王老師兒孫。」（《阿彌陀經疏鈔》。《卍續藏》第二十二冊，第六五三頁下。）

問：威音王佛，此是何時？

答曰：威音王時，已至門前。門前一腳，威音那畔。威音那畔，這畔已滅。這畔已滅，那畔何存？無這無那，全體一味，是真那畔也。

馬祖「威音一喝」，百丈「三日耳聾」。百丈「三日耳聾」，這個境界，即是威音王出世。經典記載，威音王時，劫名離衰。離衰劫中，又有多少威音王佛出世？《法華經》曰：「乃往古昔，過無量無邊不可思議阿僧祇劫，有佛名威音王如來、應供、正遍知、明行足、善逝、世間解、無上士、調御丈夫、天人師、佛、世尊，劫名離衰，國名大成。（中略）其佛饒益眾生已，然後滅度。正法像法，滅盡之後，于此國土，復有佛出，亦號威音王如來、應供、正遍知、明行足、善逝、世間解、無上士、調御丈夫、天人師、佛、世尊。如是次第，有二萬億佛，皆同一號。」（《妙法蓮華經》卷第六。《大正藏》第九冊，第五〇頁中下。）

離衰劫中，勘破離衰。如是勘破，是名真佛。所謂離衰劫，離即離開，衰即生滅，劫即劫難。離衰劫，即離開生滅之劫難也。

問：為何離開生滅也是劫難？

答曰：以佛眼觀之，離開生滅，住不生滅，亦是劫難。猶如彌勒，離開外院，住在內院，亦是劫難。離開衰劫，住不生滅，此中境界，變化萬千，故曰「如是次第，有二萬億佛，皆同一號」。百千億劫，夢幻泡影。千佛萬佛，如露如電。無量變現，盡在諸人自性光明之中。諸人還識得這自性光明麼？若也不識，何止百千億劫？若也識得，哪裡更有一劫？

時劫無性，莫作長短而論。劫，乃古代印度婆羅門教中的極大時間概念，佛教沿用，以作譬喻。既然是個譬喻，那麼，就有它的所喻。我們不可把婆羅門教的觀念當作佛教的內含。若把婆羅門教的觀念當作佛教的內含，那就是把能喻當作所喻了，那就是把指頭當作月亮了。

劫，即劫難，亦名障礙。一障礙，則一劫難。多障礙，則多劫難。回歸自性，諸法空相。諸法空相，更有什麼障礙？更有什麼劫難？無障礙，則無劫難。可是，眾生著相，見一切相，著一切相，則名一切障，則名一切劫。聞一切聲，著一切聲，則名一切障，則名一切劫。想一切事，著一切事，則名一切障，則名一切劫。塵塵剎剎，無量無數，觸著便著，見著便逐。著無量相，即成無量劫，故云塵沙數劫。

莫向時間相上論劫數。若向時間相上論劫數，則成佛遙遙無期。既然成佛遙遙無期，誰肯遙遙無期而成佛？將「劫數」解釋成「無量萬億年」，嚇退了很多學人，逼出了很多懶漢。這時，若是有個依文解義的人，將「念佛往生」解釋成「念他他便來，接我到西方」。這時，學人便會生出個占便宜的心，便會生出個懶惰的心，以為喊幾句阿彌陀佛，便是與阿彌陀佛有了約定。阿彌陀佛既已成佛，不會不守信用。我今念他，百年之後，他定來接我，接我到西方，從蓮花化生。如此依文解義，正是三世佛冤。如此依文解義，正是以盲引盲，害人慧命。

蕅益大師云：「過去已滅，寧別有十劫堆積何地猶未化耶？」「未來未至，寧別有無量劫預貯何地漸次來耶？須知時劫無性，故三世當體全空，而無性原非斷滅，故時劫差別宛爾。雖復差別宛爾，并是現前一剎那中所現影子，故曰十世古今，始終不離于當念也。」（《佛說阿彌陀經要解》。《大正藏》第三十七冊，第三七〇頁中。）

「彼佛有無量無邊聲聞弟子，皆阿羅漢，非是算數之所能知。諸菩薩，亦復如是。」

聲聞，表聞思修之德，也就是聽聞佛法，體會佛法，修行佛法。阿羅漢，表離欲之德，也就是離開貪欲，解脫纏縛。菩薩，表上契下合之德，也就是上契諸佛之理，下合眾生之機。

聽聞無量無邊的佛法，體會無量無邊的佛法，便是無量無邊的聲聞弟子。解脫無量無邊的纏縛，離開無量無邊的貪欲，便是無量無邊的阿羅漢。上契諸佛一心，下合無量萬緣，便是無量無邊的菩薩。

聲聞、羅漢及菩薩，不是各自獨立的個體。極樂國土中，無量無邊的聲聞弟子，無量無邊的菩薩弟子，與阿彌陀佛一體不異，猶如手的無量變化，相有千般，用有無量，返本還原，無非一手。彌陀法身具有無量無邊的聲聞德相，具有無量無邊的羅漢德相，具有無量無邊的菩薩德相。彌陀是自性，自性是彌陀，彌陀有無量無邊的弟子，即自性又無量無邊的妙用。彌陀與無量無邊的弟子，一體如如，不在心外，只是自性妙體與自性妙用。

切莫把阿彌陀佛當作教主，把無量無邊的羅漢、菩薩弟子當作教民。何以故？佛與羅漢，及諸菩薩，一體如如，非二非三。極樂國土的一主與萬眾，這只是個譬喻。一主，本覺光明是也。萬眾，無量德行是也。這裡，全是自己，哪有他人？蓮池大師云：「自性即空即假，是佛有聲聞菩薩義。」又云：「性空，則一真凝寂。性假，則萬用恒沙。凝寂，則杳莫邊涯。恒沙，則廣無際限。曾何算數可得評量者哉？是則賢聖三乘，共宗一佛。真俗二諦，同出一心。一心了然，福足慧足。」（《阿彌陀經疏鈔》。《卍續藏》第二十二冊，第六五四頁下。）

學人修行，立足始覺，趣向本覺，念念向佛，步步回歸，待到歸元時，則始覺融於本覺，小我融於大我。這時，無量無邊的羅漢是我，無量無邊的菩薩也是我，乃至奇妙雜色之鳥、微風、寶樹、寶網無非是我。我是誰？這個我，正是這個「天上天下，唯我獨尊」的。

蕅益大師云：「佛及聲聞、菩薩，并是彌陀因中願行所成，亦是果上一成一切成，是則佛、菩薩、聲聞各各非自非他，自他不二，故云成就如是功德莊嚴。」（《淨土十要》。《卍續藏》第六十一冊，第六五二頁中。）

## 花開見佛，入不退轉

又，舍利弗！極樂國土眾生生者，皆是阿鞞跋致❶，其中多有一生補處❷，其數甚多，非是算數所能知之，但可以無量無邊阿僧祇說。

【章　旨】往生淨土，即是回歸自性。一切眾生，皆因往生淨土而得以超度。一切眾生，皆因往生淨土而得不退轉。一切眾生，皆因往生淨土而一生成佛。

【注　釋】❶阿鞞跋致　又譯作阿毗跋致，或作阿惟越致。意為不退轉，是菩薩的階位名。菩薩到了阿鞞跋致，則直至成佛，不再退轉。❷一生補處　又作一生補處菩薩、最後身菩薩，意為盡此一生，即到佛位。

【語　譯】又，舍利弗！往生到阿彌陀佛極樂國土的眾生，皆是達到了不退轉位的人，其中的多數眾生，一生就能圓滿成佛。一生就能圓滿成佛的眾生，數量很多，算數譬喻，所不能及，縱然經歷塵沙劫數，那也是說之不盡的。

【釋　義】往生淨土，即是見道位，亦名見佛位，亦名見性位。若不見佛，則不得往生。若不見性，則不得往生。何以故？佛身即是淨土，自性即是極樂。見性即是見佛，往生即是歸性。見性、見佛及往生，不是三件事，而是同一事。《佛說阿彌陀經》云，持名念佛，一心不亂，則彌陀現前。正於此時，心不顛倒，即得往生。這就是《佛說阿彌陀經》所說的見佛，亦名見性，亦名往生。

見道位之後，便是修道位，故有供養十方，飯食經行，故有四土修行，次第進道。修道圓滿，便是無學位，故有本位不移、起應萬機之功。

往生淨土，見到彌陀，隨佛而行。如此而行，方至不退轉，亦名阿鞞跋致。往生淨土者，即使生在凡聖同居土，那也是居佛地而化凡情之地，那也是步步趣向極果的修行之地。明心見性後，以自性心光，消融無量習氣，以至無復退轉，故曰極樂國土眾生生者，皆是阿鞞跋致。明心見性後，本位不移，起應萬機，故曰其中多有一生補處，其數甚多，非是算數所能知之，但可以無量無邊阿僧祇說。

見了法身，住在法身，教下喻為住在兜率內院。彌勒菩薩住在兜率內院，表一生補處菩薩。一生補處，即是一生便能至佛位的眾生。

問：兜率內院在什麼地方？

答曰：在菩薩的最後住處。

問：菩薩的最後住處，在什麼地方？

答曰：菩薩的最後住處，即是這個徹天透地的無相法身。

問：何時補處成佛？

答曰：法身向上，體相一如，亦無體相一如之見。這時，無有內外之分，無有體相之別，全體一味，無非自己。這時，便是補位成佛時。

切莫見了「一生補處」四字，便以為成佛還要按序排號，就像世間的總統交替，前一任總統卸任了，後一任總統續補上。眾生成佛，則不如此。諸人各有一個三千大千世界，一個三千大千世界中便有一尊佛。在這三千大千世界裡，諸人著什麼相，便是住什麼位。著三界的相，即是凡夫位。著出離三界的相，即是住羅漢位。著成佛的相，即是住菩薩位。著法身的相，即是住一生補處位。總之，著一切相，成一切位。住兜率內院，即是住最後身，即是一生補處。兜率內院在何處？只是諸人的自性法身。住自性法身，即是住最後身，即是一生補處。

極樂世界的眾生，無量無邊，「非是算數所能知之，但可以無量無邊阿僧祇說」。極樂世界無量無邊的眾生，無量無邊的諸上善人，無量無邊的聲聞弟子，無量無邊的菩薩弟子，皆是阿彌陀佛的神通妙用，皆是阿彌陀佛的功德莊嚴，皆是阿彌陀佛的功德幻化。阿彌陀佛亦非他人，正是諸人「本真的自己」。阿彌陀佛壽命無量，光明無量，阿彌陀佛功德無量，妙用無量，「非是算數所能知之，但可以無量無邊阿僧祇說」。然而，無量無邊阿僧祇說，那也是說之不盡的。何以故？說亦是妙用。妙用無有邊，說之豈能盡？

## 勸勉往生，入善境界

舍利弗！眾生聞者，應當發願，願生彼國。所以者何？得與如是諸上善人俱會一處。

【章　旨】發願往生阿彌陀佛極樂國土，與極樂國土諸上善人同聚一會，成就無上正等正覺。發願往生，即是發願花開見佛。花開，即是心花開敷。見佛，即是見自性佛。見得自性佛，即見阿彌陀。何以故？心佛道交，自他不二。不二之佛，是名真佛。

【語　譯】舍利弗！凡是聽到了這部經的人，就應當發願，願生阿彌陀佛極樂國土。為什麼呢？在阿彌陀佛極樂國土，能夠與諸大阿羅漢，及諸大菩薩同聚一會。

【釋　義】佛教八萬四千法門，法法皆是念佛的法門，法法皆是反觀自見的法門，法法皆是淨心的法門。持名念佛，方便易行，人人皆宜。若人持名念佛，發願往生，便能往生彼國，與諸上善人俱會一處。

往生彼國，與諸上善人俱會一處。有兩個要點，不能錯解。若是錯解了，則不得往生。第一，「應當發願，願生彼國。」如何是彼國？這裡不能錯。

彼國，不是物理空間的某個地方。世人說的此國、彼國、此世界、彼世界，皆是物理空間意義上的，且有確定的疆域。佛教說的此國、彼國、此世界、彼世界，則是心性意義上的，無有確定的疆域。佛法無邊，包含萬有，豈有確定的疆域？心性意義上的彼國，或曰極樂世界，無有疆域，亦無方所。明了自心，見了自性，則十方世界，無盡剎土，盡屬彼國。此時，彼國也假名。

極樂世界，無有疆界，所謂佛法無邊是也。娑婆世界，也無疆界，所謂苦海無邊是也。娑婆世界，不是物理空間意義上的，不是指地球，也不是指太陽系，也不是指銀河系，乃至不是指任何物理空間的疆域。

問：彼國，即是彼岸的國。彼國在何處？

答曰：苦海無邊，回頭是岸。回過頭來，是個什麼？目前的形色，來來去去。耳畔的音聲，生生滅滅。心中的念頭，生滅閃爍。種種現相，恒沙無量，皆是過眼的雲煙，剎那生，剎那滅，究竟不可靠，究竟不可得。回過頭來，仔細看看，這見色的是誰？這聞聲的是誰？這動念的是誰？這靈知之性，照見一切。識得這裡，則在在處處，盡是彼岸。昧卻這裡，則在在處處，無非此岸。六祖惠能云：「前念迷即凡夫，後念悟即佛。前念著境即煩惱，後念離境即菩提。」（《六祖大師法寶壇經》。《大正藏》第四十八冊，第三五〇頁中。）回過頭來，反觀自見，這見色的是誰？這聞聲的是誰？這念佛的是誰？今日見不得，明日接著見。今年見不得，明年接著見。乃至來生又來生，只是個反觀自見。若也一見見得，便不動一步，到達彼岸。蓮池大師云：「若知本體不離當處，則非生彼國，乃生此國耳。雖云十萬億程，何曾咫尺動步？故謂不勞彈指到西方也。如其真如不守自性，五道隨緣，則是窮子旅泊他鄉，應歸故里。」（《阿彌陀經疏鈔》。《卍續藏》第二十二冊，第六五六頁下。）

自性只在當下，彌陀不在遠方。莫向外求，但見自性。我人學佛，要發個大願，誓願要見這個當下的自性，誓願要見這個當下的彌陀。如是發願，如是見地，如是行持，是名即身成佛，接引十方。即身成佛，接引十方，也只是自性自度，而不是接引其他國土的眾生投生到自己這裡。

若人不知，自性是佛，佛是自性，而是向外東尋西找。如此尋找，便是「夢裡尋她千百度」了也。尋來尋去，覓來覓去，驀然回首，見得那人，不是他人，只是諸人「本真的自己」，所謂一念回機，還同本來。

如今持名念佛的人，不知反觀自見，多是向外求玄，試圖離開這個地球，搬遷到物理空間的某個地方，猶如離開一個破茅棚，搬進一個大莊園。如此外求，苦海無邊。如此外求，豈能到達？極樂淨土，無上莊嚴，皆是一念心中物。離此心外，更作別求，即是背道而馳。背道而馳，何由到達？

第二，「與如是諸上善人俱會一處。」如何是諸上善人？如何是俱會一處？這裡不能錯。諸上善人，是個譬喻，是借用人類社會中的善人之名，比喻極樂國土的莊嚴，故不可把人類社會中的「道德人物」當作極樂國土的「諸上善人」。世人說的惡人善人，皆是彼此相對的，不是極樂國土的「諸上善人」。世人所說的「善人」，是與「惡人」相對的一類人。《彌陀經》所說的「善人」，是指解脫了是非善惡的智慧德相，是指恢復了本來面目的解脫境界。若人執著世俗的「善」，終日行善，終日掛礙，並且以這個「善」為標準，衡量天下人，符合其標準者，則讚美有加，不符合其標準者，則憎惡有加，口上雖不言，心中已成說。如此著相，如此污染，其善其惡，皆屬不善。何以故？聖人所說的惡，不是善惡相對的惡，而是心中的污染。聖人所說的善，不是善惡相對的善，而是心中的清淨。一污染，則萬污染，「一葉障目，不見森林」是也。一清淨，則萬清淨，「一根解脫，六根還原」是也。這時，光皎皎，赤裸裸，純然無染，本自解脫，這才是《彌陀經》「諸上善人俱會一處」的如是德相。

今借儒家與道家，再說說這個善與惡的問題。儒家云：「人之初，性本善。」這個善，不是世俗意義上的「做好事」。人之初，不知慈孝，不知友敬，豈有慈孝友悌的善行？人之初，既然沒有慈孝友悌的善行，那麼，「人之初，性本善」，這個「善」又是指什麼？人生之初，沒有那麼多的污染，那是一個相對的純淨，人人如此，無大差別，故曰性相近。可是，隨著生活的展開，習染愈來愈重，眼逐色，耳逐聲，意思念，加之成人的灌輸與指使，讓他為自尊而奮鬥，讓他為利益而奮鬥，乃至為統治者而獻身，美其名曰為國捐軀，美其名曰愛國。這時，污染則愈來愈重，習性則漸染漸深，內心則躁動不安，為防非治亂之故，成人便制定一些規矩，這就是所謂的法規。孩童本性天真，習性漸行漸遠，這就是「人之初，性本善，性相近，習相遠」，這就是愈來愈遠離了那個最初的純淨。故聖人呼喚，復歸於樸。這個復歸於嬰，並不是用什麼法術，使人的年齡倒著生長，使老人長成嬰兒，而是要去掉自心的污染，恢復那個最初的純淨。恢復了純淨，更進一步，即使這個最初的清淨，也要將它看破，恢復到那個無善無惡的良知之體，恢復我們的本來面目。就佛家而言，這便是花開見佛，這便是明心見性。就儒家而言，這便是知天命，這便是致良知。明心見性即是知天命，知天命即是明心見性。此二者，語異而實同。

我們的修行，就是一種回歸，回歸到嬰兒的那種純潔，回歸到最初的那種清純。到了這裡，更須打破這最初的清純，回到那原本的真實。到了這裡，才是「諸上善人俱會一處」的境界，才是極樂國土的功德莊嚴。

既然已經見到了這個廣大無邊的自性，既然已經融入了這個具足萬德的自性，則當下即是「自性現前，清淨平等」的境界，當下即是「諸上善人俱會一處」的境界。古人云：「但認取隨緣不變之實相般若，心心不異，即是諸佛不動智現前，即與諸佛把手同行，即是入諸佛位。」（《宗範》卷二。《卍續藏》第六十五冊，第三五〇頁上中。）

問：與諸佛把手同行？是佛陀牽著學人的手嗎？

答曰：百萬人天，無量菩薩，彌陀一人，如何把手？若將此事想像成為一人牽萬人手，此是顛倒妄想，不解如來真義。

諸上善人，自性眾生也。自性眾生與自性彌陀，念念清淨，念念相應，是名與佛把手同行，亦名「與諸上善人俱會一處」。

「諸上善人俱會一處」。這個「一處」，不是某個物質世界，而是遍含十方、具足萬德的自性淨土，亦名極樂國土，亦名一真法界。諸佛說法，皆說此處。《金剛經》說此處，《地藏經》說此處，《楞嚴經》說此處，《彌陀經》亦說此處，一切經典，皆是說此處。離此一處，別有所說，便是離心說法的外道。「諸上善人俱會一處」，正是告誡學人，覿面相見，只在這裡。只在這裡，得見三世諸佛。只在這裡，得見歷代祖師。只在這裡，得見清淨海眾。這裡是何處？若也不知，切莫妄想。蓮池大師云：「自性萬善同歸，是同會一處義。」又云：「百川會于一海，眾景會于一空。諸上善人，不會此之一處，而將奚會？」（《阿彌陀經疏鈔》。《卍續藏》第二十二冊，第六五七頁上中。）又云：「放下個四大五蘊，放下無量劫來許多業識，向自己根腳下推窮看，是甚麼道理？推來推去，忽然心華發明，照十方剎，可謂得之于心，應之于手，便能變大地作黃金，攪長河為酥酪。豈不暢快平生？」（《緇門警訓》卷第六。《大正藏》第四十八冊，第一〇七一頁下。）道吾禪師上堂云：「心隨萬境轉，轉處實能幽。隨流認得性，無喜復無憂。」拈起拄杖子云：「這個是道吾拄杖子。哪個是諸人心？河沙國土、河沙諸佛、西天二十八祖、唐土六祖盡在道吾拄杖子上轉大法輪。諸人還見麼？」（《古尊宿語錄》卷第十一。《卍續藏》第六十八冊，第六十七頁中。）

若欲往生淨土，當須自心清淨。若欲善人相伴，當須自心至善。隨其心淨，則佛土淨。隨其心善，則佛土善。六祖惠能云：「凡愚不了自性，不識身中淨土，願東願西，悟人在處一般。」「心地但無不善，西方去此不遙。若懷不善之心，念佛往生難到。」（《六祖大師法寶壇經》。《大正藏》第四十八冊，第三五二頁上。）六祖惠能說的「善」，即是淨土宗所說的「淨」，也是《彌陀經》說的「諸上善人」。

## 克期求證，七日往生

舍利弗！不可以少善根❶、福德❷、因緣❸得生彼國。舍利弗！若有善男子善女人，聞說阿彌陀佛，執持名號❹，若一日，若二日，若三日，若四日，若五日，若六日，若七日，一心不亂❺，其人臨命終時❻，阿彌陀佛，與諸聖眾，現在其前❼，是人終時，心不顛倒❽，即得往生❾阿彌陀佛極樂國土。

【章　旨】說明了往生的條件：善根、福德、因緣。說明了往生的方法：信願持名，一心不亂。說明了往生的含義：心不顛倒，即得往生。

【注　釋】❶善根　佛家所說的善根，不是指世間的善良，而是指成就佛道的內因。即心即佛、心佛不二的知見，是知見善根。徹悟自心、圓成佛道的大願，是大願善根。反觀自見、自淨其意的行持，是行持善根。❷福德　佛家所說的福德，不是指擁有大量的財富，而是指具有寬闊的胸懷。應緣為福，無住為德。心量廣大，應緣無住，是名福德。❸因緣　因，即內因。緣，即外緣。內因與外緣，二者合稱，名曰因緣。❹執持名號　即提起名號，至心專注，持之以恒。執，即提起，拿起。持，即堅持，不放。名號，指阿彌陀。❺一心不亂　彌陀聖號，出於口，聞於耳，一心專注，妄念若起，亦不理睬。如是而念，是名一心不亂。❻臨命終時　《佛說阿彌陀經》說的「臨命終時」，不是指氣斷命絕時，不是常人說的「死亡」，而是指妄想停息、輪回終止時。顛倒妄想終止時，生死輪回命終時，便是臨命終時。❼阿彌陀佛三句　這幾句經文，是借人喻義的，阿彌陀佛喻性體，諸聖眾喻妙用，「阿彌陀佛，與諸聖眾，現在其前」，喻全體大用，當下呈現。「阿彌陀佛，與諸聖眾，現在其前」，不是某個圖像浮現於目前。這個圖像，唯心所生。一切萬法，唯心所生。能生萬法的這個根源，方是變現萬相的真佛。論曰：「應化非真佛，亦非說法者。」經云：「若以色見我，以音聲求我，是人行邪道，不能見如來。」❽心不顛倒　昧卻根源，認幻作真，即名顛倒。識得本真，幻亦非幻，是名心不顛倒。不知萬相是從何處起的，也不知萬相又滅向何處。如此迷惑，是名顛倒。無不從此法界流，無不歸還此法界。如是見得，是名心不顛倒。❾往生　往生不是從這裡死去，從那裡出來，不是從這個物理空間，搬遷到那個物理空間。於此當下，覺破迷情，心不顛倒，即得往生。往生後的境界，是當下的解脫境界，而不是別處的生活環境。

【語譯】舍利弗！若是缺少善根、福德、因緣的眾生，那是不能往生阿彌陀佛極樂國土的。舍利弗！若有善男子善女人，聽說了阿彌陀佛，便信心充滿，一心專注，持名念佛。若能如此而念，或一日，或二日，或三日，或四日，或五日，或六日，或七日，一心專注地持名念佛，待到無掛無礙時，阿彌陀佛，及無量聖眾，便當下現前，這就是「是人終時」。這時，若能認出了本尊阿彌陀佛，便能不動一步，當下往生阿彌陀佛極樂國土。

信願持名，功至極處，一機來臨，當下往生。這便是淨土法門的橫出三界。出離三界，唯有橫出，無有竪超。竪超之極果，乃四果阿羅漢。修成阿羅漢，住在定境中，不得見彌陀。若不見彌陀，不得出三界。

【釋　義】一、往生的要義

問：大阿羅漢，還得見佛否？

答曰：定性阿羅漢，不得見彌陀。何以故？住在定境中，著於離欲相，不得見彌陀。彌陀淨土中的聲聞弟子，諸大阿羅漢，皆有所表，表聞思修之德，表離欲之德，非定性阿羅漢。

往生淨土，這是當下的事，而不是百年之後的事。若待百年後，即今目前，又是千萬劫。這個等待心，是個大迷情。若人在迷中，則起心動念，無不是罪，無不是業。起心動念無數，見聞覺知無數，則顛倒妄想便有無量無邊。一念妄想便是一劫，無量妄想便是無量劫。不識本來面，隨業風而轉，則處處是娑婆，何處有淨土？氣力足時，尚不得覺破迷情，橫出三界。氣斷命絕時，豈有把握得生淨土？

橫出三界，即借助念佛，直下見佛，當下往生。在這裡，禪宗與淨宗，同出一轍。淨宗的見佛，即是禪宗的見性。禪宗的見性，即是淨宗的見佛。見佛即是見性，見性即是見佛。名有二致，實無差別。若有差別，則非佛法。何以故？佛法是不二法。雖已見佛，然而，無始習氣，猶有未盡，故常須覺察，損之又損，以至無為。無始習氣者，彼國眾生也。常須覺察者，時時念佛也，所謂風聲、鈴聲、鳥鳴、泉聲皆念佛也。佛者，覺也。念佛者，時時覺也。無為者，體相一如之本真也，極樂國土之實相也。

二、善根、福德、因緣

問：經云：「不可以少善根、福德、因緣得生彼國。」如何是善根、福德、因緣？

答曰：善根。即心即佛、心佛不二的知見，是知見善根。徹悟自心、圓成佛道的大願，是大願善根。反觀自見、自淨其意的行持，是行持善根。具此三根，是名具足善根。具此三根，方能往生彼佛國土。

福德。佛家所說的福德，不是指擁有大量的財富，而是指具有寬闊的胸懷。應緣為福，無住為德。心量廣大，應緣無住，是名福德。菩薩於法，應無所住。應色無住，應聲無住，應一切緣，不住一切相。菩薩不住相布施，其福德不可思量。

問：菩薩不住相布施，其福德不可思量。如何是布施？

答曰：布施，即是平等地給予。平等地給予什麼？平等地給予自性心光。平等地給予自性心光，即是儒家所說的「一視同仁」。心光如大日，普照十方界。心光如圓鏡，朗現一切相。自性心光，如是普照，自性心光，如是朗現，是名布施。如是布施，是名真福德。

因緣。因，即內因。緣，即外緣。內因外緣，二者合稱，名曰因緣。內因，就是自身具備的善根福德。外緣，就是善根福德感招的外在條件。內因感現外緣，內因外緣和合，方能成辦一件事情。正確的知見，成佛的大願，即是內因。正確的知見，成佛的大願，自然感招師友現前。感招而現的師友，即是外緣。內因外緣和合，方能成就往生淨土的大願。

三、持名念佛，一心不亂

大勢至菩薩是念佛而成就的，大勢至菩薩表念佛。觀世音菩薩是觀音而成就的，觀世音菩薩表觀音。把這兩位菩薩的方法結合起來，念佛觀音，觀音念佛，都攝六根，淨念相繼。如此念佛（大勢至），如此觀音（觀世音），便是持名念佛。如此而念，如此而觀，七日之內，自然契入念佛三昧。印光大師云：「須向著一念南無阿彌陀佛上重重體究，切切提撕，越究越切，愈提愈親，及至力極功純，豁然和念脫落，證入無念無不念境界，所謂『靈光獨耀，迥脫根塵。體露真常，不拘文字，心性無染，本自圓成，但離妄念，即如如佛』，此之謂也。功夫至此，念佛得法，感應道交，正好著力。其相如雲散長空，青天徹露。親見本來，本無所見，無見之見，是名真見。到此，則溪聲山色，咸是第一義諦。鴉鳴鵲嘈，無非最上真乘。活潑潑，應諸法相而不住一法，光皎皎，照了諸境而了無一物。」（《新編全本印光大師文鈔增廣本》，中州古籍出版社二〇一〇年版，第一四六九—一四七〇頁。）

口念彌陀心散亂，喊破喉嚨亦徒然。正如印光大師批評的那樣：「光（印光大師自稱）曾見許多日課十萬彌陀者，皆屬虛張聲勢，以自誑誑人耳。此種習氣，染之則徒勞無功，小則無而為有，大則以凡濫聖，非徒無功，其罪有不可盡言者。」（《新編全本印光法師文鈔》卷二十，第一四四一頁。）《遺教經》云：「制之一處，無事不辦。是故比丘，當勤精進，折伏其心。」《阿彌陀經》，以一句佛號，作為道具，心念耳聞，都攝六根，正是制心一處，定能大事了辦。

四、臨命終時，彌陀現前

念佛觀音，觀音念佛。如此而念，如此而觀，功至純熟，自然根塵識心銷落。這時，便是顛倒妄想終止時，便是生死輪回命終時，便是臨命終時。《佛說阿彌陀經》說的「臨命終時」，不是氣斷命絕時，不是常人說的「死亡」，而是妄想停息、輪回終止時。這時，圓覺心光，朗然現前，全體大用，當下呈現。這時，便是「阿彌陀佛，與諸聖眾，現在其前」。

「阿彌陀佛，與諸聖眾，現在其前」，這句話是個比喻。阿彌陀佛喻體，諸聖眾喻用。「阿彌陀佛，與諸聖眾，現在其前」，喻全體大用，當下呈現。

「阿彌陀佛，與諸聖眾，現在其前」，這是個表法，這是個譬喻，不可將表法作實法，不可將譬喻作實際。若人念佛，於冥冥之中看到了一尊阿彌陀佛與諸聖眾，且以為自己見佛了，這一類人，盡屬魔境所攝。

問：彼佛現前，何待命終？

答曰：佛慈無限，時時現前。迷人迷妄，故不得見。不見之故，假名不現。假名不現，非實不現。若不現前，何以見色？若不現前，何以聞聲？若不現前，何以起心動念？若不現前，何以舉手投足？可惜迷人，見色則被色迷，聞聲則被聲惑，乃至起心動念，皆成捕風捉影，故假名不現。蓮池大師云：「妄心未盡，幽幽綿綿，是為命根未斷。惑斷執空，情消見謝，人亡家破，烟滅灰飛，命終之謂也。諸妄盡除，不真何待？求佛不現前，不可得也。」《阿彌陀經疏鈔》。《卍續藏》第二十二冊，第六六五頁下。）虛雲大師云：「燙著手，打碎杯，家破人亡語難開。春到花香處處秀，山河大地是如來。」（岑學呂編著，《虛雲法師年譜》，宗教文化出版社一九九五年版，第二十二頁。）可見，臨命終時，不是氣斷命絕時，而是「惑斷執空，情消見謝」時，而是「人亡家破，烟滅灰飛」時，而是「根塵脫落，一絲不掛」時，而是「虛空炸破，大地平沉」時。如是之境，即是「阿彌陀佛，與諸聖眾，現在其前」時。

五、心不顛倒，即得往生

問：如何是顛倒？

答曰：背覺合塵，著相住境，即是顛倒。執著「阿彌陀佛，與諸聖眾，現在其前」的圖像，執著「極樂勝境」，而不知這些圖像是從何處起的，也不知這些圖像又滅向何處。如此迷惑，如此著相，即是顛倒。

若人執著有一個相好莊嚴的佛來迎請，那麼，在他的修行中，就會出現一個相好莊嚴的佛像。其實，這個相好莊嚴的佛是唯心而生的，這個相好莊嚴的佛不是別人，正是自己的心相。乃至西方勝境，也不出諸人當前的這個無相真心，也只是這個無相真心的現相。

問：如何是心不顛倒？

答曰：心念阿彌陀佛，耳聞念佛之音。如此而念，如此而觀，一心不亂，念至妄想停息時，這時，若能認出這個不生不滅、恒常寂照的無相真心，便是心不顛倒，即得往生，或曰識得真心，即得往生。經云：「心不顛倒，即得往生阿彌陀佛極樂國土。」阿彌陀佛不是別人，正是自己的無相真心。既然如此，往生阿彌陀佛極樂國土，則不是往生到物理空間的某一個地方，而是返本還源，回歸自性，恢復自己的本來面目。

《華嚴經》云，重重法界，不出一心。《楞嚴經》云，十方虛空，在汝心內。既然重重法界，不出一心，十方虛空，在汝心內，那麼，往生淨土，又往至何所、生至何處？所以說，往生極樂，即是返本還源，即是回歸自性，即是放下小我回歸大我。猶如波浪，原本就是大海裡的一個現相，波浪融入大海，實無往來。小我也是大我裡的一個現相，小我回歸大我，實無往來。實無往來，假名往來，所以古德云：「生則決定生，去則實不去。」蓮池大師云：「終日念佛，終日念心。熾然往生，寂然無往矣。」（《阿彌陀經疏鈔》。《卍續藏》第二十二冊，第六〇六頁中。）

## 勸勉發願，往生彼國

舍利弗！我見是利，故說此言。若有眾生，聞是說者，應當發願，生彼國土。

【章旨】彼佛國土，無上莊嚴，種種利益，說之不盡，故勸勉眾生，往生彼國。凡是聽聞是說者，皆當發願，往生彼國，成就無上佛道，度脫法界眾生。

【語譯】舍利弗！我見到這樣的大利益，所以才向你們說。如果有眾生聽到了我說的這一番話，就應該發願往生阿彌陀佛極樂國土。

【釋義】問：佛告舍利弗，「我見是利，故說此言。」如何是「是利」？

答曰：是利，即是往生極樂國土的種種利益。往生極樂國土的種種利益，歸根到底就是回歸自性的種種利益。

圓覺自性，即是彌陀，二六時中，放大光明，照徹十方。自性彌陀，妙用無量，聖眾無量，色相無量，莊嚴無量。無量妙用，無量莊嚴，本自具足，無欠無餘。佛見眾生，自性具足，是名佛見是利。佛見是利，眾生不見，故勞釋迦，開口指示，令諸眾生，獲得是利。然而，釋迦說的，終歸是釋迦的。自己證的，方是自己的。因此之故，如此利益，須經學人親證一回始得。蓮池大師云：「試觀自性，欠少何事？靈知體上，彌陀聖眾，終日現前。常寂光中，極樂淨邦，無時不往。奈何，佛見是利，眾生若盲。佛說是利，眾生若聾。雖是勞他金口宣揚，須是一回親見始得。」（《阿彌陀經疏鈔》。《卍續藏》第二十二冊，第六六九頁上。）

明心見性，即是花開見佛。花開，是智慧花開。見佛，是見自性佛。前文所說的利益，即是「橫超三界，圓淨四土」。一心持名，彌陀現前，心不顛倒，即得往生，這便是橫超三界。往生淨土已，則以自性心光，普度一切眾生，淨化一切習氣，這便是圓淨四土。

持名念佛，久久功深，則根塵脫落。根塵脫落，見得自性，則當下往生。念佛即是念心，念心即是念佛。念佛與念心，名異而實同。持名念佛，直下見性，直下往生，這是直了成佛的法，唯有善根、福德、因緣具足者，方能信願持名，直下了辦。

若從四禪八定入手，先破欲界，進入色界。再破色界，進入無色界。再破無色界，進入識無邊處定。如此次第而破，稱為竪出三界。猶如竹竿裡的蟲子，由下向上，節節破解，欲求出離，猶為甚難。竪出不得，久久無奈，有人告知曰，有橫超之法。若能如是而信，如是而行，便能如是而證，如是而超三界。

持名念佛，直取心地，猶如竹竿裡的蟲子，橫咬直破，欲求出離，猶為甚易。持名念佛，一心不亂，一機來臨，驀然回首，便能往生極樂國土。極樂國土，不在別處，即是自己腳下的這段無始自然風光。

持名念佛，心念耳聞，妄念若起，亦無理睬。念佛猶如無情劍，佛來佛斬，魔來魔斬，只斬得乾乾淨淨。乾乾淨淨時，便是根塵脫落時，便是彌陀現前時。這時，一機來臨，磕著碰著，便能屠刀落地，立地成佛，或云囫地一聲，當下見性。這就是《楞嚴經》所說，「忽然超越，世出世間，十方圓明，獲二殊勝。一者，上合十方諸佛本妙覺心，與佛如來同一慈力。二者，下合十方一切六道眾生，與諸眾生同一悲仰。」這就是《佛說阿彌陀經》所說，「阿彌陀佛，與諸聖眾，現在其前，是人終時，心不顛倒，即得往生阿彌陀佛極樂國土。」當下見佛，當下往生，即是橫超三界。當下見性，當下契入，即是頓達彼岸。念佛如此，持咒亦然。

見性即是見佛，見佛即是見性。見性與見佛，名異而實同。明心見性，或云花開見佛，至此之後，便可以自性心光，圓照十方，普度一切眾生，淨化一切習氣。一切習氣，即一切眾生。習氣與眾生，名有兩般，實無二致。

持名念佛的利益，往生淨土的利益，說之不盡，唯證乃知，故釋迦佛再三勸勉，「若有眾生，聞是說者，應當發願，生彼國土」。

## 十方諸佛，皆說此經

舍利弗！如我今者，讚歎阿彌陀佛不可思議功德，東方亦有阿閦鞞佛，須彌相佛，大須彌佛，須彌光佛，妙音佛，如是等恒河沙數諸佛，各於其國，出廣長舌相❶，遍覆三千大千世界❷，說誠實言，汝等眾生，當信是《稱讚不可思議功德一切諸佛所護念經》❸。

舍利弗！南方世界，有日月燈佛，名聞光佛，大焰肩佛，須彌燈佛，無量精進佛，如是等恒河沙數諸佛，各於其國，出廣長舌相，遍覆三千大千世界，說誠實言，汝等眾生，當信是《稱讚不可思議功德一切諸佛所護念經》。

舍利弗！西方世界，有無量壽佛，無量相佛，無量幢佛，大光佛，大明佛，寶相佛，淨光佛，如是等恒河沙數諸佛，各於其國，出廣長舌相，遍覆三千大千世界，說誠實言，汝等眾生，當信是《稱讚不可思議功德一切諸佛所護念經》。

舍利弗！北方世界，有焰肩佛，最勝音佛，難沮佛，日生佛，網明佛，如是等恒河沙數諸佛，各於其國，出廣長舌相，遍覆三千大千世界，說誠實言，汝等眾生，當信是《稱讚不可思議功德一切諸佛所護念經》。

舍利弗！下方世界，有師子佛，名聞佛，名光佛，達摩佛，法幢佛，持法佛，如是等恒河沙數諸佛，各於其國，出廣長舌相，遍覆三千大千世界，說誠實言，汝等眾生，當信是《稱讚不可思議功德一切諸佛所護念經》。

舍利弗！上方世界，有梵音佛，宿王佛，香上佛，香光佛，大焰肩佛，雜色寶華嚴身佛，娑羅樹王佛，寶華德佛，見一切義佛，如須彌山佛，如是等恒河沙數諸佛，各於其國，出廣長舌相，遍覆三千大千世界，說誠實言，汝等眾生，當信是《稱讚不可思議功德一切諸佛所護念經》。

【章　旨】十方恒沙諸佛，皆是法身彌陀的化現，皆是無相真心的化現。見得這個無相真心，便能見得這個法身彌陀。見得這個法身彌陀，便能見得十方世界恒沙諸佛。十方世界，恒沙諸佛，皆是法身彌陀的廣長舌，皆是法身彌陀的幻化身。十方世界，恒沙諸佛，皆讚嘆阿彌陀佛及其不可思議功德，皆指示無相真心及其不可思議功德。若不讚嘆、指示此心及其功德，則非佛法。

【注　釋】❶廣長舌相　三十二大人相之一。廣長舌相，遍覆三千大千世界，這是個比喻，我們不可把佛舌想像成無量萬里的廣大形象。佛舌若如此廣大，佛身又安放何處？法身廣大無邊，變現無量萬相。從演說法義的角度來說，法身變現的無量萬相，即是言說法身實相的廣長舌相。❷三千大千世界　以須彌山為中心，外有七山八海相互交織，更以鐵圍山為外郭，這是一個小世界。一千個小世界，為一個小千世界。一千個小千世界，為一個中千世界。一千個中千世界，為一個大千世界。一個大千世界，由三個千世界組成，故稱為三千大千世界。三千大千世界，這是個比喻，切不可把三千大千世界當作一個很大的物理世界。須彌山，喻傲慢心，喻自我中心。以須彌山為中心，外有七山八海。這七山八海，喻障礙及貪欲。山喻障礙，海水喻貪欲。障礙與貪欲交織在一起，即是七山八海相互交織。鐵圍山，喻堅固的執著。人心之中，有無量的傲慢及自我中心。有自我為中心，就有種種的貪欲，就有種種的障礙，就有種種的固執。這便是精神世界意義上的三千大千世界。佛教說的三千大千世界，是精神世界意義上的。❸稱讚不可思議功德一切諸佛所護念經　即《佛說阿彌陀經》。

【語　譯】舍利弗！就像我今天讚歎阿彌陀佛不可思議功德的利益，東方世界也有阿閦鞞佛，須彌相佛，大須彌佛，須彌光佛，妙音佛，這樣無量無邊的佛，各於自己的國度，發出法音，法音遍滿三千大千世界，如是而說：「汝等眾生，你們應當相信這部《稱讚不可思議功德一切諸佛所護念經》。」

舍利弗！南方世界，有日月燈佛，名聞光佛，大焰肩佛，須彌燈佛，無量精進佛，這樣無量無邊的佛，各於自己的國度，發出法音，法音遍滿三千大千世界，如是而說：「汝等眾生，你們應當相信這部《稱讚不可思議功德一切諸佛所護念經》。」

舍利弗！西方世界，有無量壽佛，無量相佛，無量幢佛，大光佛，大明佛，寶相佛，淨光佛，這樣無量無邊的佛，各於自己的國度，發出法音，法音遍滿三千大千世界，如是而說：「汝等眾生，你們應當相信這部《稱讚不可思議功德一切諸佛所護念經》。」

舍利弗！北方世界，有焰肩佛，最勝音佛，難沮佛，日生佛，網明佛，這樣無量無邊的佛，各於自己的國度，發出法音，法音遍滿三千大千世界，如是而說：「汝等眾生，你們應當相信這部《稱讚不可思議功德一切諸佛所護念經》。」

舍利弗！下方世界，有師子佛，名聞佛，名光佛，達摩佛，法幢佛，持法佛，這樣無量無邊的佛，各於自己的國度，發出法音，法音遍滿三千大千世界，如是而說：「汝等眾生，你們應當相信這部《稱讚不可思議功德一切諸佛所護念經》。」

舍利弗！上方世界，有梵音佛，宿王佛，香上佛，香光佛，大焰肩佛，雜色寶華嚴身佛，娑羅樹王佛，寶華德佛，見一切義佛，如須彌山佛，這樣無量無邊的佛，各於自己的國度，發出法音，法音遍滿三千大千世界，如是而說：「汝等眾生，你們應當相信這部《稱讚不可思議功德一切諸佛所護念經》。」

**【釋義】** 釋迦牟尼佛稱讚阿彌陀佛不可思議功德，東方亦有恒河沙數諸佛，各於其國，出廣長舌相，遍覆三千大千世界，稱讚阿彌陀佛不可思議功德，勸令眾生，相信這部《稱讚不可思議功德一切諸佛所護念經》。

《稱讚不可思議功德一切諸佛所護念經》，即是這部《佛說阿彌陀經》。「稱讚」，即是《佛說阿彌陀經》中的「佛說」。「不可思議功德」，即是《佛說阿彌陀經》中的「阿彌陀」。「一切諸佛所護念經」，即《佛說阿彌陀經》中的「經」。一佛所說，即是一切佛所說。蓮池大師云：「『稱贊不可思議功德』連下十六字，此經原名也，唐譯止言《稱贊淨土佛攝受經》，欲文省便，以不可思議功德，攝淨土中故。此不可思議，上文贊佛，今乃贊經，其義一也，故不重釋。」（《阿彌陀經疏鈔》。《卍續藏》第二十二冊，第六七一頁下。）

前文的「讚歎阿彌陀佛不可思議功德」，以「不可思議功德」讚佛。這裡的「稱讚不可思議功德一切諸佛所護念經」，則以「不可思議功德」讚經。無相是真佛，無字是真經。真佛即真經，真經即真佛。經之與佛，名異而實同。真佛真經，不是別物，只是諸人當下的圓覺自性。也就是說，唯有諸人當下的圓覺自性，方是一切諸佛悉皆讚嘆的佛，方是一切諸佛悉皆護念的經。

諸佛出世，只說此經，更無餘說。《金剛經》說此經，《華嚴經》說此經，《楞嚴經》說此經，一切經典皆說此經。《金剛經》云：「一切諸佛，及諸佛阿耨多羅三藐三菩提法，皆從此經出。」（《大正藏》第八冊，第七四九頁中。）《法華經》云：「如來一切所有之法、如來一切自在神力、如來一切秘要之藏、如來一切甚深之事，皆于此經宣示顯說。」（《大正藏》第九冊，第五十二頁上。）《華嚴經》云：「佛子！此經名為一切諸佛微密法藏。一切世間不能思議，如來所印大智光明開發示現如來種性。」（《大正藏》第九冊，第六二九頁下。）《大乘本生心地觀經》云：「若此經典所在之處，即為有佛及諸菩薩、緣覺、聲聞。何以故？一切如來修行此經，舍凡夫已得阿耨多羅三藐三菩提，一切賢聖皆從此經得解脫故。」（《大正藏》第三冊，第三三一頁上。）

此經是何經？此經即是《佛說阿彌陀經》。然而，這部經不是我們目前的文字經典。我們目前的這部文字經典，猶如指示月亮的手指頭，手指頭不是月亮，手指頭指示的那一個才是月亮。同樣，我們目前的這部文字經典不是這部經，文字經典指示的那一個才是這部經。文字經典指示的那一個，究竟是哪個？是阿彌陀佛，是圓覺自性。蓮池大師云：「自性遍照，是六方佛贊義。」又云：「六方不離于咫尺，諸佛悉現于毫端。今者此經，當在何處？」（《阿彌陀經疏鈔》。《卍續藏》第二十二冊，第六七六頁中。）

諸佛出世，只讚嘆這個靈光獨耀、真照無邊的圓覺自性，只指示這個靈光獨耀、真照無邊的妙明真心。何以故？這是十方諸佛的真身，這是十方諸佛的法身，亦是諸人的圓覺自性。若不讚嘆這裡，若不指示這裡，則非佛法。

自性光明，靈光獨耀，此是真佛，亦是自己。諸人還識得這個麼？若也識得，則十方世界，恒沙諸佛，全在這裡，出廣長舌，是名十方諸佛悉皆讚嘆。

百千法門，同歸方寸。河沙妙德，總在心源。《佛說阿彌陀經》、《華嚴經》、《楞嚴經》、《法華經》、《心經》等，種種經典，無量比喻，無非指示我們的這個妙明真心。我們的這個妙明真心，與釋迦牟尼佛無二無別。我們的這個妙明真心，與阿彌陀佛無二無別。我們的這個妙明真心，與三世諸佛無二無別。我們的這個妙明真心，就是一切經典所說的這部經。這部經，恒沙諸佛之所稱讚。這部經，恒沙諸佛之所護念。這部經，恒沙諸佛之所指示。可惜，諸多學人，不向這裡歸，反向那裡求。如此著相外求，實屬背道而馳。背道而馳，則不得往生。

問：恒沙諸佛，出廣長舌，遍覆三千大千世界，稱讚阿彌陀佛不可思議功德。如何是遍覆三千大千世界的廣長舌？

答曰：恒沙諸佛，出廣長舌，遍覆三千大千世界，這是一個比喻，是借物喻義。切莫把廣長舌當作四大和合的肉舌頭，切莫把這個肉舌頭想像成比地球還大。如此而想，是依文解義。如此而想，是顛倒妄想。

蓮池大師云：「自性周法界，是廣長舌義。」又云：「古謂溪聲即是廣長舌。然則廣長舌相，不獨諸佛有之，眾生有之，即萬象皆有之，是故情與無情，融成一舌。舌即法界，法界即舌，說遍覆時，已成雙橛。」《阿彌陀經疏鈔》。《卍續藏》第二十二冊，第六七一頁中。）

恒沙諸佛，出廣長舌，遍覆三千大千世界，稱讚阿彌陀佛，這只是個譬喻。一色一香，皆說阿彌陀佛這個法。一色一香，皆說妙明真心這個法。猶如大海中的一波一浪，皆說大海這個法。每個波浪，無不展示大海，無不讚美大海。波浪的本質即是大海，大海的全體大相，即是展示大海的廣長舌。同樣，森羅萬相的本質，即是妙明真心，妙明真心的全體大相，即是展示妙明真心的廣長舌，即是稱讚阿彌陀佛不可思議功德的廣長舌。這個廣長舌，即是妙明真心的全體大相，即是自性法身的全體大相，即是阿彌陀佛的不可思議功德。這一尊阿彌陀佛，諸人還識得麼？

恒沙諸佛，皆以阿彌陀佛作自己。若不以阿彌陀佛作自己，而是把阿彌陀佛作他人，則是人我之見，不是佛見。佛見是不二見，自他不二，全體自己。若人學佛，欲求真乘，當信阿彌陀佛是自己，當信自己本來是彌陀。恒沙諸佛，皆稱讚阿彌陀佛，即是法界萬相皆指示這個妙明真心。可是，迷人學佛，知見錯誤，以為恒沙諸佛是他，以為阿彌陀佛是他，以為恒沙諸佛現出廣長舌相，遍覆三千大千世界，稱讚阿彌陀佛，即是在物理空間裡有無量無邊的佛，伸出廣長舌，遍覆三千大千世界，稱讚我之外的那個他。若人這樣妄想，則我相、人相、眾生相、壽者相，四相皆生，則非佛義。依此修行，則不得往生。

問：恒沙諸佛，稱讚阿彌陀佛不可思議功德。不可思議者，此是何物？

答曰：諸佛說法，不說二法，唯說一法。一法者，即是阿彌陀佛，即是妙明真心，亦名自性彌陀。除此一法，若有二法可說，則非佛法。蕅益大師云：「諸佛不可思議功德，我不可思議功德是。諸佛釋迦，皆以阿彌為自也。」《淨土十要》卷第一。《卍續藏》第六十一冊，第六五六頁上。）

蓮池大師云：「性而曰自，法爾如然，非作得故，是我自己，非屬他故。此之自性，蓋有多名，亦名本心，亦名本覺，亦名真知，亦名真識，亦名真如，種種無盡，統而言之，即當人靈知靈覺本具之一心也。今明不可思議者，惟此心耳，更無餘物有此不思議體與心同也。若就當經，初句即無量光，洞徹無礙故。二句即無量壽，常恒不變故。三四句即靈心絕待，光壽交融，一切功德，皆無量故。五句總贊，即經云，如我稱贊阿彌陀佛不可思議功德。末句結歸，言阿彌陀佛全體是當人自性也。」《阿彌陀經疏鈔》。《卍續藏》第二十二冊，第六〇四頁中下。）

若人證悟了自性，回歸了自性，則見十方諸佛，亦非他人，皆是彌陀的化現，皆是自性的化現。自性中的一切色相，皆稱讚阿彌陀佛。自性中的一切音聲，皆稱讚阿彌陀佛。猶如大海中的一切波浪，皆是大海的現相，皆是大海的法音。經云：「汝等眾生，當信是《稱讚不可思議功德一切諸佛所護念經》。」我們還信這部經麼？若也不信，則不名信佛。這部經，正是諸人「本真的自己」。

東方有恒河沙數諸佛，南方有恒河沙數諸佛，西方有恒河沙數諸佛，北方有恒河沙數諸佛，下方有恒河沙數諸佛，上方有恒河沙數諸佛，六方各有恒河沙數諸佛，各於其國，出廣長舌相，遍覆三千大千世界，說誠實言。四維上下，表一真法界，表圓覺自性。恒沙諸佛，表無量萬相，表無上莊嚴。自性具足一切智慧，自性具足一切神通，自性具足一切自在，自性具足一切變化，自性具足一切勇猛，自性具足一切光明，自性具足一切威猛，自性具足一切柔軟，自性具足一切莊嚴，自性具足一切法音，自性具足一切法相，自性具足一切萬法，自性具足一切名相，自性具足一切功德。以恒河沙數諸佛，表無量無邊不可思議功德，故立恒河沙數佛名，所謂妙音佛，梵音佛，香光佛，師子佛，達摩佛，日月燈佛，大光佛，大明佛，大焰肩佛，最勝音佛，寶華德佛，娑羅樹王佛，無量精進佛，等等，無量諸佛，無量功德，不在圓覺自性之外，不在妙明真心之外。無量諸佛，無量功德，盡是諸人妙明真心中物，盡是諸人圓覺自性中事。

自性中的無量萬相，異相同源，皆是自性的流露，皆是自性的法音，皆是自性的功德，皆是自性的莊嚴。猶如大海中的無量波浪，異相同源，皆是大海的現相，皆是大海的法音，皆是大海的功德，皆是大海的莊嚴。自性中的無量萬相，皆是自性的現相，皆是自性的法音，亦名阿彌陀佛的變化，亦名阿彌陀佛的法音流布。

若人得聞這部無字真經，得見這尊無相真佛，得見這個妙明真心，即此當下，已生淨土，即此當下，已是極樂，山還是山，水還是水，然而，山山水水，一切萬相，無不向人說誠實言，汝等眾生，當信這部無字真經，當信這尊無相真佛，當信這個妙明真心。這部無字真經，流出一切清淨真如，教化一切眾生。這尊無相真佛，化現不可思議功德，救度十方有情眾生。這個妙明真心，生出一切清淨法相，莊嚴自性淨土。

## 聞是經典，得不退轉

舍利弗！於汝意云何？何故名為《一切諸佛所護念經》❶？舍利弗！若有善男子善女人，聞是經受持❷者，及聞諸佛名者，是諸善男子善女人，皆為一切諸佛共所護念，皆得不退轉於阿耨多羅三藐三菩提❸。是故舍利弗，汝等皆當信受我語，及諸佛所說。

**【章 旨】**一切經教，指歸這裡，一切諸佛，護念這裡。這裡是無字真經，這裡是無相真佛。證得這裡，契合這裡，則於阿耨多羅三藐三菩提得不退轉。釋迦牟尼佛，再三勸請，應當信受這部無字真經，應當信受這尊無相真佛。

**【注 釋】**❶一切諸佛所護念經　《稱讚不可思議功德一切諸佛所護念經》的簡稱。❷受持　信而不疑為受。依而行之為持。受這部經，依這部經。這部經，能生萬法，一字亦無。這部經就是具足萬德的彌陀法身，這部經就是我們的無相真心，這部經就是我們的無相法身。信這部經，依這部經，方名真受持。❸阿耨多羅三藐三菩提　全義為無上正等正覺。阿耨多羅，義為無上。三藐三菩提，義為正遍知。

**【語 譯】**舍利弗！你認為如何？為什麼這部經名為《一切諸佛所護念經》？舍利弗！若有善男

子善女人，聽了這部經典，受持這部經典，及聽了一切諸佛的名號，這些善男子善女人，就能得到十方諸佛的護念，就能在菩提道上不退轉，直至成佛。所以說，舍利弗，你們應當相信我所說的法，及十方諸佛所說的法。

【釋　義】問：哪是這部《一切諸佛所護念經》？

答曰：這部《一切諸佛所護念經》，不是文字經典，不是黑字白紙。文字經典，所在之處，一切諸佛，還護念否？文字經典，是生滅法，佛不守這個。若守這個，即是凡夫。一切諸佛所護念的經，不是文字經典，而是諸人當下的這部無字真經，而是諸人當下的這個妙明真心，亦名清淨法身，亦名自心實相，亦名本來面目。一切文字經典，皆說這部經。《佛說阿彌陀經》說這部經，《華嚴經》說這部經，《般若經》說這部經，《楞嚴經》說這部經。

《法華經》云：「諸天晝夜常為法故而衛護之，能令聽者皆得歡喜。所以者何？此經是一切過去、未來、現在諸佛神力所護故。」（《大正藏》第九冊，第三十八頁下。）

《金剛經》云：「若有善男子、善女人，能于此經，受持讀誦，則為如來，以佛智慧，悉知是人，悉見是人，皆得成就無量無邊功德。」（《大正藏》第八冊，第七五〇頁下。）

《大般涅槃經》云：「聲聞緣覺，唯聞十二部經名字，不聞其義，今于此經，具足得聞，是名不聞而聞。」（《大正藏》第十二冊，第四九三頁中。）

《華嚴經》云：「若菩薩摩訶薩受持此經，則能出生一切諸願，以少方便，疾得阿耨多羅三藐三菩提。」(《大正藏》第九冊，第六六九頁中。)

一切諸佛所護念的經，即是諸人當下的廣大無邊的妙明真心。若人識得心，當下是極樂。於此當下，七寶池、八功德水、金沙地、雜色鳥、寶行樹、十方世界、恒沙諸佛，悉自具足。於此當下，一切音聲，一切色相，皆是和雅音，皆念佛法僧。諸人還「聞是經」麼？若也得聞，只此當下是西方。若也不聞，只此當下是娑婆。

「聞是經受持者」，「皆為一切諸佛共所護念，皆得不退轉於阿耨多羅三藐三菩提」。得見自性，這便是得聞是經。得見自性，一肯肯定，不再疑惑，這便是受持是經。綿密觀照，不逐境遷，這便是一切諸佛共所護念，亦名善護念。何以故？一佛護念，即是一切諸佛共所護念，所謂一即一切，一切即一。這尊佛即是一切佛，一切佛即是這尊佛。如何是這尊佛？只是諸人當下的這個圓覺自性。還識得他麼？

莫將文字經典當作「是經」。口說手書的文字是生滅法，究竟靠不住，究竟不可得，不是「是經」。釋迦佛有云：「須菩提，汝勿謂如來作是念，我當有所說法。莫作是念，何以故？若人言如來有所說法，即為謗佛，不能解我所說故。」(《金剛般若波羅蜜經》。《大正藏》第八冊，第七五一頁下。) 若人言白紙黑字是佛經，即為謗佛，不能解佛所說故。

問：如何是聞諸佛名？

答曰：諸佛言教，種種比喻，種種啟發，皆佛名也。聞佛經教，依教奉行，借佛之名，歸佛之實，即是聞諸佛名。聞諸佛名，皆為一切諸佛共所護念，皆得不退轉於阿耨多羅三藐三菩提。

自性是我，我即自性。自性恒常寂照，是諸佛護念義。自性不增不減，是不退轉義。蓮池大師云：「靈靈獨照，了了常知，不減不增，無得無失。菩提即我，我即菩提，尚無有進，云何有退？」（《阿彌陀經疏鈔》。《卍續藏》第二十二冊，第六七七頁中。）

問：如何是「皆當信受我語，及諸佛所說」？

答曰：諸人皆言自己信佛，然而，仔細看來，所言信佛者，他未必信佛。何以故？諸人依照佛教文字，想像諸佛境界，想像極樂國土，這是打佛教的妄想，不是真實的佛義。把自己的妄想當作佛義，這樣的信佛，則不是信佛，而是信自己的妄想。

如何才是信佛？一、信佛所說，絕對正確。二、未證之時，但存疑情。雖然信佛所說，但是未得親證，未免心中困惑。信而未證，心存困惑，如是之狀，是名正信。譬如，經云，恒沙諸佛，各於其國，出廣長舌，遍覆三千大千世界。此類經文所說的事，皆是自己不知道的事。自己不知道，那就保持個不知道的狀態，千萬不要依文解義，妄想出個什麼樣子，且相信這個樣子，且美其名曰信佛。其實，這不是信佛，而是信自己的妄想。

恒沙諸佛，出廣長舌，遍覆三千大千世界，稱讚阿彌陀佛。這麼廣長的舌，這麼無數的舌，縱橫交錯，相互穿越，是這樣嗎？若不如此，又是怎樣？佛經首句「如是我聞」，究竟是何義？是阿難尊者親自聽佛這樣說嗎？佛是這樣說的嗎？阿難尊者有這樣的過耳不忘的記憶力嗎？佛經末句「歡喜信受，作禮而去」。去向何處？為何留佛一人，無人陪伴？種種疑惑，種種不解，這便是學人的疑情。疑惑之處，即是疑情也。若無疑情，不得見性。若無疑情，不得見佛。若無疑情，不得往生。何以故？這個疑情，就是學人的蓮花苞。蓮花苞就是學人的疑情。花開見佛，就是這個蓮花苞開放，就是這個疑情頓開。悟前修行，功到極處，疑情頓開，全然了徹，佛教便以「花開見佛」作個比喻，喻開般若花，見法身佛。若無疑情，豈有頓悟？若無蓮苞，豈有花開？所以，這個疑情，這個蓮苞，是不可沒有的。

若無疑情，不得見性。若無蓮苞，不得見佛。疑情即蓮苞，蓮苞喻疑情。見性即見佛，見佛喻見性。可見，疑情的意義太大了。可惜，學人把想像當作實際，用想像填補不知。學人本來不知極樂國土的模樣，卻偏要依文解義地妄想出個模樣，且把自己想像出的極樂國土的模樣當作極樂國土的實際。極樂國土，七重欄楯，七重羅網，七重行樹，七寶池，八功德水，金沙鋪地，七寶莊嚴，等等，學人本來不知，卻偏要想像出一個充滿欄楯、羅網、行樹、池水、金沙的世界。雜色之鳥，出和雅音，學人本來不知，卻偏要想像出一個眾鳥大合唱，皆唱阿彌陀。佛經首句，「如是我聞」，究竟是何義？學人本來不知，卻偏要想像出一個「阿難親自聽佛這樣說」。佛經末句，「歡喜信受，作禮而去」，究竟是何義？學人本來不知，卻偏要想像出一個「大眾皆回家，唯留佛一人」。既然把想像作真實，那就沒有了疑惑，那就沒有了蓮苞。蓮苞既無，何來花開？不得花開，何來見佛？那些自稱絕對信佛的人，十有五雙都是相信了自己的妄想，都是相信了自己的依文解義。相信自己的妄想，相信自己的依文解義，這怎麼能叫做信佛？這叫信自己的妄想。

正信佛教。一、相信佛說，絕對真實。二、未悟實際，疑惑存心。有相信，有疑惑，二者結合，方是正信。如此相信，如此疑惑，即是正信佛教。這個信疑摻半的心態，禪宗稱為疑情，淨宗稱為蓮苞。有了這個疑情，孕育成熟，一朝分娩，便是有佛出世。有了這個蓮苞，含苞待放，一朝花開，便是花開見佛。

見佛之見，見無所見，方是真見。若見相好，若聞音聲，亟需拋卻。《楞嚴經》云：「不作聖心，名善境界。若作聖解，即受群邪。」

有智慧的人，相信佛說，絕對正確，然而，他又不知，如何是恒沙諸佛出廣長舌，遍覆三千大千世界。如此而信，如此不知，這便是信佛。學人的這種「信而不知」，學人的這種「信而未明」，就是禪宗的疑情，就是淨宗的蓮花苞。有了這個疑情，待到孕育成熟，觸著碰著，便能開悟見性。有了這個蓮花苞，待到孕育成熟時，一機來臨，便能花開見佛。

信佛的人，在他還未開悟見性之前，如果連這個疑情都沒有，那就談不上開悟見性。信佛的人，在他還未花開見佛之前，如果連這個蓮花苞都沒有，那就談不上花開見佛。明心見性之前，先要有個疑情。花開見佛之前，先要有個蓮花苞。這個蓮苞，莫作蓮苞想。若作蓮苞想，即是妄想。這個蓮苞，是個比喻，比喻疑情，比喻不明白。

沒有智慧的人，愛打妄想的人，總是用自己的妄想破壞自己的疑情，因此，他就沒有了開悟見性的可能。沒有智慧的人，愛打妄想的人，總是用自己的妄想破壞自己的蓮花苞，因此，他就沒有了花開見佛的可能。

問：經云：「聞是經受持者，及聞諸佛名者，是諸善男子善女人，皆為一切諸佛共所護念。」但聞佛名，未持佛經，亦得諸佛護念否？

答曰：此問已錯。何以故？佛名與經名，名字有別，實際不二。

阿彌陀佛，此是佛名。借佛之名，歸佛之實，是名「聞佛名」。若聞佛名，不悟佛實，與鸚鵡學舌，又有何別？鸚鵡學舌，有甚功德？

《阿彌陀經》，此是經名。借經之名，歸經之實，是名「受持」。若受經名，不悟經實，此是法華轉，不是轉法華。惠能大師云：「心迷法華轉，心悟轉法華，誦經久不明，與義作讎家。無念念即正，有念念成邪，有無俱不計，長御白牛車。」（《六祖大師法寶壇經》。《大正藏》第四十八冊，第三五五頁下。）

聞佛名號，究佛實際，是名聞諸佛名。持經名相，證經真義，是名受持佛經。聞名見實，持號證真，是名聞佛名，是名持佛經。諸佛名號，無量無邊，諸佛經典，說之不盡。無量名號，恒沙經典，唯令眾生，悟入自心。是諸眾生，悟入自心，是名悟入佛知見。

持名念佛，祛除心垢，是聞佛名。口念彌陀，不耽妄想，是不聞佛名。更有甚者，借佛名號，打佛妄想，妄想佛是如何放光，如何神通，等等，如此借佛名而打妄想，是不聞佛名。聞佛名號，意在歸佛實際。若是歸於妄想，落在妄想裡，是名謗佛。

問：經云，聞諸佛名者，皆為一切諸佛共所護念。如何是聞諸佛名？

答曰：得聞十方佛名，不是得聞妙音佛、梵音佛、香光佛、師子佛等等具體名字。自心清淨，得聞一切音聲清淨，得見一切色相清淨，是名得聞十方佛名。此清淨有二種。一、相似清淨。二、實際清淨。

相似清淨。執持名號，一心不亂，念佛三昧，自然現前。這時，未見空性，落在盡聞無住、受而不受的狀態裡，這便是相似清淨。

實際清淨。相似清淨，更進一步，勘破這盡聞無住、受而不受的狀態，當下見性，得見十方圓明，全體是我。真我無相，遍含萬相。遍含萬相，一物亦無。到得這裡，是名實際清淨。

以《佛說阿彌陀經》的方法來說，聞說阿彌陀佛，執持名號，一心不亂，阿彌陀佛，與諸聖眾，現在其前。這時，自心清淨，得聞十方音聲清淨，亦名「得聞十方佛名」。這時，若能見性，或曰見佛，則名心不顛倒，亦名往生淨土，亦名實際清淨。

## 真信切願，即得往生

舍利弗！若有人已發願，今發願，當發願，欲生阿彌陀佛國者，是諸人等，皆得不退轉於阿耨多羅三藐三菩提，於彼國土，若已生，若今生，若當生。是故舍利弗，諸善男子善女人，若有信者，應當發願生彼國土。

【章　旨】發願往生彼國，皆得往生彼國。發願往生彼國，皆得不退轉於阿耨多羅三藐三菩提。所以，釋迦牟尼佛再三勸請，令諸學人，發願往生阿彌陀佛極樂國土。

【語　譯】舍利弗！如果有人已經發願，或者現在發願，或者未來發願，誓願往生阿彌陀佛極樂國土。凡是這樣發願的人，皆能於菩提道上得不退轉，他們或者已經往生，或者今生往生，或將來往生，只要是往生了阿彌陀佛極樂國土，那就得到了不退轉，在阿彌陀佛極樂國土，直至究竟成佛。舍利弗，善男子善女人，若相信我所說的法，就應當發願，往生阿彌陀佛極樂國土。

【釋義】發願即得往生，皆得不退轉於阿耨多羅三藐三菩提，因此，釋迦牟尼佛殷勤勸導：「若有信者，應當發願生彼國土。」

發願是有目標的。淨土宗的發願，目標是往生淨土。能否往生，當具如下條件。第一，目標正確。第二，願力強大。目標正確，願力強大，兩者結合，即得往生。

不得往生，有兩種情況。第一，願力強大，目標錯誤。第二，目標正確，無有願力。第一，目標錯誤，不得往生。信願為因，往生為果。信願不正，果上必邪。即今學人，十人發願，五雙成錯。錯在何處？錯在厭離這個物理空間，欣求那個物理空間。他們以為，這個物理空間是痛苦的，那個物理空間是極樂的，因此發願，往生到那個物理空間。他們以為，往生是從這裡到那裡，猶如世人搬遷，從一個茅草棚搬遷到一個大莊園。若是這樣的發願，則不是《佛說阿彌陀經》的發願。《佛說阿彌陀經》的發願，是往生彼國，而不是搬遷到某一個地方。

問：彼國在哪裡？

答曰：彼國在彼岸。

問：彼岸在哪裡？

答曰：苦海無邊，回頭是岸。諸人發願，肯回頭麼？若肯回頭，皆得不退轉於阿耨多羅三藐三菩提，必定往生彼佛國土。若不肯回頭，只是外求，則不得往生，反成苦海無邊之事。

第二，無有願力，不得往生。這種人，他知道不向外求，也知道自心是佛。可是，他沒有願力，不得實行。不得實行，故不得往生。猶如一部車子，系統正常，可惜，沒有動力，則不得前行。不得前行，則不達目的。

信願持名，這是《佛說阿彌陀經》的往生方法。往生淨土，信為基礎。無信則無願，無願則無行，無行則無證。既然信為基礎，那麼，信正則願正，願正則行正，行正則果正。信邪則願邪，願邪則行邪，行邪則果邪。我們修行佛法，應當正信西方，正信彌陀，正信極樂。

第一，正信西方。如何是西方？不可將太陽落的方位當作《佛說阿彌陀經》所說的西方。何以故？西方是個表法，表放下，表解脫。放下即是西方，著相即是娑婆。我們信西方，即是相信放下即得解脫。若信太陽落的那個方位，即是執著方位相。若人著相，則不清淨。若不清淨，則在在處處，皆是娑婆。若肯放下，即得清淨。若得清淨，則在在處處，皆是西方。如此西方，諸人還信麼？若也信得過，即名信西方。蓮池大師云：「《華嚴》重重法界，不出一心。《楞嚴》十方虛空，皆汝心內。是知極樂之生，生乎自心。心無界限，則無西無東，去至何所？狀其易穢而淨，脫舊而新，離一得一，似有所往，名之為往，豈曰從此向彼，如世間經城過邑之往耶？」《阿彌陀經疏鈔》。《卍續藏》第二十二冊，第六六八頁上。）

第二，正信彌陀。誰是彌陀？彌陀是個比喻，屬於七種立題中的人立題，也即以人作喻，以人表義。彌陀表什麼？表自性，表真實的自己。故不可向外求彌陀。反觀自見，即是菩薩。著相外求，即是凡夫。《觀無量壽經》云：「是心作佛，是心是佛。」蓮池大師云：「彌陀即自性彌陀，所以不可不念。淨土即惟心淨土，所以不可不生。」（《阿彌陀經疏鈔》卷四。《卍續藏》第二十二冊，第六六八頁上。）此心此性，即是彌陀，諸人還信麼？若也信得過，是名正信彌陀。

這個自性，這個彌陀，我們還有麼？我們若無，求亦無益。何以故？若是求來的，必定還得去。有來有去，有得有失，究竟不可得，依然落空亡，何有益哉？

第三，正信極樂。極樂是什麼？不可將苦樂相對的樂當作極樂。何以故？極樂是個表法，表解脫，表清淨。解脫即是極樂，清淨即是極樂。這個極樂，不是苦樂相對的樂，而是絕待無對的樂。我們信極樂，若是信了苦樂相對的樂，那便是著了樂相。著了樂相，即受樂縛，不得解脫。放下執著，證悟本來，則當下即是極樂。除此之外，若將某個地方當作極樂，發願搬遷到那個地方，即是著相外求，則不得往生。切莫妄想，以為有一個地方，那裡的亭臺樓閣比地球上的亭臺樓閣更漂亮，那裡的水比地球上的水更清澈，那裡的人比地球上的人更善良。若是這樣想，即是顛倒妄想，不是正信極樂。自性極樂，諸人還信麼？若也信得過，即名信極樂。

發願是因，往生是果。因果之間，時間不定。往生的時刻，不是四大分散、死亡來臨的時刻。若把四大分散、死亡來臨的時刻當作往生的時刻，那正是錯解了「臨命終時」，也錯解了往生。《佛說阿彌陀經》所說的「臨命終時」，是指妄想停息、輪回終止時，或云根塵脫落時。這時，了了常明，一絲不掛，輪回之命，暫時終止。這時，識得自性，即名心不顛倒。心不顛倒，即得往生。

問：如何是心不顛倒？

答曰：背覺合塵，巧心用事，正是顛倒。悟了自性，順性而為，即是心不顛倒。花開見佛，隨佛而行，即是心不顛倒，即得往生。世人不知，以為臨死之際，心不糊塗，即是心不顛倒，以為頭腦清醒，即是心不顛倒。若是這樣，那麼，世上聰明人，背覺合塵，巧心用事，雖然很清醒，依然是顛倒。何以故？迷本逐末，捕風捉影。

問：見佛不喜，見魔不怖，不喜不怖，是顛倒否？

答曰：也是顛倒。見佛不喜，見魔不怖，不喜不怖，亦屬按捺，內心深處，喜怖猶在，未免顛倒，不得往生。

問：發願往生，臨命終時，得往生否？

答曰：臨命終時，此是何時？莫將四大分散、收拾不得時當作臨命終時。若將四大分散、收拾不得時當作臨命終時，則是自我誑騙，錯過一生。當下見佛，當下往生，所謂一念相應一念佛，念念相應念念佛。與什麼相應？與自性相應。彌陀大法，極頓極圓，極圓極真，唯有大智，方能諦信。蓮池大師云：「自性非去來今，是已生今生當生義。」又云：「萬年一念，何古非今？一念萬年，何今不古？則念念游行樂國，時時禮覲慈尊，誰非往生者？過去心不可得，現在心不可得，未來心不可得，既無其心，誰是往生者？無生而生，是名已生今生當生。」（《阿彌陀經疏鈔》。《卍續藏》第二十二冊，第六七八頁中。）

## 諸佛稱讚，釋迦文佛

舍利弗！如我今者稱讚諸佛不可思議功德，彼諸佛等亦稱說我不可思議功德，而作是言，釋迦牟尼佛能為甚難希有之事，能於娑婆國土❶五濁惡世❷劫濁、見濁、煩惱濁、眾生濁、命濁中得阿耨多羅三藐三菩提，為諸眾生說是一切世間難信之法❸。舍利弗！當知我於五濁惡世行此難事，得阿耨多羅三藐三菩提，為一切世間說此難信之法，是為甚難。

【章　旨】法界一真，純然無雜，無人無我，無自無他。諸佛互讚，盡顯法性，法性即是諸佛之體，諸佛即是法性之相。體相一如，一多圓融。據此，諸佛互讚，不是讚他，而是盡顯法性。法法如此，佛佛如此。法性之中，本然如是。法界萬相，皆法性之流露，盡顯法性之清淨光明，盡顯法性之無上莊嚴。五濁惡世，原本清淨，眾生迷惑，妄見有染。釋迦世尊，說此本然之事，說此難信之法，實在是極難的事。

【注　釋】❶娑婆國土　娑婆國土，即著相、纏縛、煩惱的精神世界。這個世界，具有無量無邊的苦，可惜眾生，堪忍其苦，不肯出離，故娑婆世界，亦稱堪忍世界，堪忍國土。娑婆，即著相，纏縛，煩惱。國土，即精神世界，心靈世界。❷五濁惡世　五濁：劫濁，煩惱濁，眾生濁，見濁，命濁。一、劫濁：生於末世，饑饉、疾疫、刀兵等相繼而起，災難頻繁。二、煩惱濁：充滿貪、嗔、痴等種種煩惱。三、眾生濁：眾生充滿，苦多樂少。四、見濁：邪知邪見，混亂不堪。五、命濁：惡業受報，心身交瘁，壽命短促。此五種濁，歸根到底，是心靈世界的污濁，是心靈世界的顛倒妄想，是心靈世界的貪嗔痴慢，是心靈世界的渾濁不堪。充滿五濁的世界，稱為五濁惡世。❸難信之法　信受自心，本來彌陀。信受自心，本來西方。信受自心，本具萬德。信受放下，即到西方。此是難信之法。一、信他是佛易，信心是佛難。二、信佛在遠易，信佛在近難。三、信死後往生易，信當下往生難。四、信他佛接引易，信自性接引難。

【語　譯】舍利弗，就像我現在稱讚十方諸佛不可思議功德，十方諸佛也稱讚我不可思議功德，他們稱讚道：釋迦牟尼佛能作這樣的甚難稀有的事，能在娑婆世界這樣的五濁惡世——劫濁、見濁、煩惱濁、眾生濁、命濁中證得無上正等正覺，為諸眾生演說這樣的難信稀有之法。舍利弗！你應該知道，我在五濁惡世中行持極其困難的事，證得無上正等正覺，為一切眾生演說這樣的難以置信的法，這實在是很難的事。

【釋　義】釋迦牟尼佛稱讚十方諸佛，十方諸佛亦稱讚釋迦牟尼佛，這不是世間的相互讚嘆，而是法界的本然如是，也是當下的本然如是。

毗盧性海是恒沙諸佛的本真，恒沙諸佛是毗盧性海的現相，猶如大海與浪花，大海是浪花的本真，浪花是大海的現相。恒沙諸佛稱讚釋迦牟尼佛，即是稱讚釋迦牟尼佛的本真，即是稱讚毗盧性海。

若欲證得毗盧性海，當須執持名號，一心不亂，待得蘊根成熟時，觸緣即脫。一脫即證，一證即圓。到得這裡，諸法空相，萬德莊嚴。到得這裡，自然見得恒沙諸佛稱讚釋迦牟尼佛不可思議功德的真實義。

信願持名，一句彌陀，綿綿密密，密密綿綿，轉五濁惡世成清淨海會，轉十方世界成無量佛刹，實屬持名念佛之功。持名念佛，直超頓入，究竟解脫，故經云：「若有人已發願，今發願，當發願，欲生阿彌陀佛國者，是諸人等，皆得不退轉於阿耨多羅三藐三菩提，於彼國土，若已生，若今生，若當生。」

轉五濁惡世成清淨海會，轉十方世界成無量佛刹，此是從心上轉的，所謂心淨則佛土淨，所謂一切唯心造。若從物上轉變，試圖按照自己的意志轉變天下人，轉變天下事，此是世間英雄，不是諸佛祖師。若從物上轉變，莫說轉變全人類，即使轉變一國人，使之成為諸上善人，那也是辨不到的。莫說世間凡夫做不到，即使佛如釋迦，聖如孔子，那也是做不到的。

問：諸佛稱讚釋迦牟尼佛能為甚難希有之事，何難之有？

答曰：或難或易，總在自己。棄本逐末，呼聲捉響。妄認緣影，貪愛執著。愈演愈烈，愈脫愈縛。於此五濁惡世，欲得解脫，是為甚難。

向外追求，苦海無邊，反觀自見，當下是岸。若論實際，諸人自性，本自解脫，何必無縛之中而求解脫？當下回頭，反觀自見。於此當下，一見見得，則融入本來，自性淨土，是為甚易。蓮池大師云：「何乃佩長生之訣，枉自殤亡，負杲日之明，翻成黑暗？心本是佛，自昧自心。佛本是心，自迷自佛。」（《阿彌陀經疏鈔》。《卍續藏》第二十二冊，第六五三頁上。）

反觀自見，證得自心，則當下五蘊皆空，度一切苦厄，則當下脫離苦海，往生淨土。迷即有五濁，悟則無垢淨。無垢無淨，是名真淨，亦名極樂。

問：阿彌陀佛在西方淨土，釋迦牟尼佛在五濁惡世，釋迦與彌陀，何故一濁一淨？

答曰：問話已錯。誰是彌陀？誰是釋迦？誰是自己？這裡不識，開口即錯。釋迦是你，彌陀也是你。因人昧己，故不識他。我是誰？這個我，「天上天下，唯我獨尊」。還識得這個「我」麼？若也識得，釋迦彌陀，一線不隔，三世諸佛，只在目前。若也不識，那就放下妄想，執持名號，念佛觀音，觀音念佛，如此念去，待得蘊根成熟時，一機來臨，便能當下頓超五濁，直下往生極樂淨土。到得這裡，哪裡還用得著向他人口裡討消息？

## 歡喜信受，作禮而去

佛說此經已，舍利弗及諸比丘，一切世間❶天、人、阿修羅❷等，聞佛所說，歡喜信受，作禮而去。

【章 旨】得魚忘筌，得意忘言，是名聞佛所說。法喜充滿，不再疑惑，是名歡喜信受。通體放下，當下往生，是名作禮而去。

【注 釋】❶世間　落入變遷之相，昧卻萬相之性，是名世間。回光一見，一見見得，從此之後，安住本位，起諸妙用，是名出世間，亦名往生阿彌陀佛極樂國土。世，變遷之相。間，落於其中。❷天人阿修羅　天道的眾生，人道的眾生，阿修羅道的眾生。這是三善道的眾生。一心具足十法界，三善道的眾生，自然是我人心中之眾生，所謂自性眾生。

【語 譯】佛說完了這部經，尊者舍利弗及諸大比丘，一切世間天、人、阿修羅等，聽到佛說這樣的妙法，皆大歡喜，信受奉行，作禮而去。

【釋 義】諸佛升堂，人天大眾，咸聚一會，祇園精舍，不增一分。

佛說經已，一切大眾，作禮而去，祇園精舍，不減毫釐。

祇園法會，儼然未散。還見麼？若也不見，則身在淨土，妄作穢夢。若也見得，只此當下，即是西方。

莫向他處覓，莫往玄上見，彌陀淨土，只是諸人當下的圓覺自性。十方諸佛，歷代祖師，盡在這裡轉大法輪。

「舍利弗及諸比丘，一切世間天、人、阿修羅等」，乃自性眾生，而非世人眼中的你、我、他之生命個體。舍利弗不在心外，諸比丘不在心外，一切世間天人阿修羅等，皆不在心外，皆自性眾生也。離自性外，尚且無佛，離自性外，豈有「舍利弗及諸比丘，一切世間天、人、阿修羅等」？自性眾生，「聞佛所說，歡喜信受，作禮而去」。

問：如何是「聞佛所說」？

答曰：了知實相，是名「聞佛所說」，而非僅聞其聲也。《大般涅槃經》云：「聲聞緣覺，唯聞十二部經名字，不聞其義。今于此經，具足得聞，是名不聞而聞。」（《大正藏》第十二冊，第四九三頁中。）諸佛所說的那個實際，不是音聲文字，而是一個「原本的真實」，亦名自心實相。自心實相，眼不能見，耳不能聞，意不能及，言不能到，故仁智大師云：「不是有心，不是無心，不是不見，不是不聞，了了覺知，不著見聞，蕩然無住，是名無心。」洞山良价云：「也大奇，也大奇，無情說法不思議，若將耳聽終難會，眼處聞聲方得知。」諸佛廣長舌，遍覆三千界，諸人還見麼？山河大地是佛舌，悉皆讚嘆阿彌陀，諸人還聞麼？

問：如何是「歡喜信受」？

答曰：心心相印，法喜充滿，即名「歡喜」。諸人還「歡喜」麼？一見見得，不再疑惑，是名「信受」。諸人還「信受」否?信受什麼?信受釋迦所說。釋迦如來,所說何事?唯說自性彌陀,唯說自性淨土。自性彌陀,自性淨土,諸人還信受麼?還見得麼?若也真信真見,是名歡喜信受。

問:如何是「作禮而去」?

答曰:一心歸向,是名「作禮」。當下往生,是名「而去」。禮什麼?禮「佛所說」。往何方?往「佛所說」。佛所說,是何事?佛所說的,即是諸人當下的自性淨土。非離自心,別有生處。此心此性,清淨光明,本來是佛,不假修成。此心此性,廓徹十方,本來淨土,不假修成。若言修成,修成還壞,即落生滅,還歸生死。諸佛教典,歷代祖師,千言萬語,無非指示自性,令人回歸自性。

自性即是淨土,往生淨土,即是回歸自性。離此自性,別有所往,即是附佛外道。蓮池大師云:「來實無來,去亦何去,則往生畢竟無生。以此無生,生彼國土,非生彼土,實生乎自心也。」(《阿彌陀經疏鈔》。《卍續藏》第二十二冊,第六八三頁中。)往生者,「非生彼土,實生乎自心也」。這是一句歸宗至本的話,也是一句無遮直顯的話。若不信此,則不名信佛。

諸人還見得自心麼?屏息諸念,一念不生。正於這時,是個什麼?若也見得,是名作禮而去,亦名往生淨土。

# 經文附錄

## 蕩滌所有，回歸淨土

無量壽佛說往生淨土呪

南無阿彌多婆夜　哆他伽哆夜　哆地夜他　阿彌唎（上聲）都婆毘

阿彌唎哆　悉耽婆毘　阿彌唎哆　毘迦蘭哆　伽彌膩　伽伽那　枳

多迦隸　莎婆訶

誦此呪者，阿彌陀佛常住其頂，命終之後任運往生。

龍樹菩薩願生安養，夢感此呪。

耶舍三藏誦此呪。天平寺銹法師從耶舍三藏口受此呪。其人云：

「經本外國不來。受持呪法，日夜六時各誦三七遍。晨夜澡漱，嚼楊枝，然香火，於形象前跪，合掌誦三七遍。日日恒爾，即滅四重、五逆、十惡，謗方等罪悉得除滅。現在不為一切諸邪鬼神之所惱亂，命終之後任運往生阿彌陀國，何況晝夜受持誦讀功德不可思議。」

【章 旨】《佛說阿彌陀經》是顯教形式的〈往生淨土咒〉。〈往生淨土咒〉是密教形式的《佛說阿彌陀經》。顯教，指示教理，扶正見地，猶如遠行，瞭解路途，儲備資糧。密教，秘密修行，蕩滌一切，猶如遠行，端正方向，直達目的。《佛說阿彌陀經》，亦顯亦密。〈往生淨土咒〉，亦密亦顯。顯之與密，原同一體。知之與行，不可脫離。即顯即密，速開智慧。知行並進，頓達淨土。念佛念咒，絕非二事。見性見佛，名異實同。持名念佛，即同持咒。持咒念心，還同念佛。

【語 譯】（注：密咒不翻，不必強譯。）

【釋 義】《佛說阿彌陀經》後附的這個〈往生淨土咒〉，即是「密教形式」的《佛說阿彌陀經》，借此一咒，可以消除一切業障，得生彌陀淨土，可以實證《佛說阿彌陀經》的真實妙義。

一、〈往生淨土咒〉釋名

往生淨土，即是回歸自性。咒，即是總持，總一切法，持無量義。心是萬法之源，能生一切法，能起無量用，故云心是總持，總一切法，持無量義。祖師云：「百千法門，同歸方寸。河沙妙德，總在心源。」即心即咒，即咒即心。心咒二名，同指一實。離此心外，更無別咒。離此咒外，更無別心。

問：「離此心外，更無別咒。離此咒外，更無別心。」佛說的咒文，還是咒否？

答曰：萬法皆是心，咒文豈非咒？此咒彼咒，乃至萬咒，皆歸這一咒。這一咒，能生萬咒。這一咒，諸咒之母。無量陀羅尼，皆從此中出。《圓覺經》云：「無上法王，有大陀羅尼門，名為圓覺，流出一切清淨真如菩提涅槃及波羅蜜，教授菩薩。一切如來本起因地，皆依圓照清淨覺相，永斷無明方成佛道。」（《大正藏》第十七冊，第九一三頁中。）一切萬法，從何流出？流出之處，即是源頭，即是大陀羅尼，即是百千萬億陀羅尼之母，即是萬法之源。一切萬法，皆從心出，離此心外，更無第二源頭，所謂無不從此法界流，無不歸還此法界。《心經》云：「般若波羅蜜多是大神咒，是大明咒，是無上咒，是無等等咒，能除一切苦，真實不虛。」（《大正藏》第八冊，第八四八頁下。）借助般若，到達彼岸。彼岸這裡，是「大神咒，是大明咒，是無上咒，是無等等咒」。回歸自性，即到達彼岸。到達彼岸，即回歸自性。自性是「大神咒，是大明咒，是無上咒，是無等等咒」。

水生萬波，波波是水。心生萬法，法法皆心。只須識得這一心，只須識得這一咒，即得天下萬有。若不得此心，若不得此咒，而試圖得天下萬有者，盡是捕風捉影、呼聲捉響的痴漢。

二、持咒的功德

修習世法，則有世法的妄想，則成世法的習氣。修習佛法，則有佛法的妄想，則成佛法的習氣。一切妄想習氣，皆是業障，皆當消除。然而，以習氣消除習氣，則習氣上更添習氣。故當用密咒，橫掃一切，管他什麼惡習氣、善習氣，管他什麼凡習氣、聖習氣，提起密咒，統統掃除。待到徹底廓清時，獨尊之我，現在其前。此時，石擊電火，若能把他認出來，一肯肯定，不再疑惑，即名到達了彼岸，即名往生了淨土。他不是別人，他原來是我，正是諸人最真實的自己。

問：綿密持咒，還有妄想否？還成習氣否？

答曰：「呼辛，杜嚕，因畔，梭哈」。此是何義？既不知其義，又如何起妄想？妄想不生，成何習氣？故綿密持咒，心念耳聞，直下念去，直通第一義。

念誦經文則不然，念誦經文時，念誦人的心中便會想出許多意思。念誦一句經文，則會想出一個意思，念誦一部經文，則會想出許多意思，從念誦經文至想出意思，其間的速度極快。譬如，我們念到「西方極樂世界」這六個字，便會想到一個極美極樂的地方，其間的速度極快，乃至當事人亦不知是自己想的。

念誦經文的人，打出眾多妄想，且落入其中，不得出離。這時，自己的妄想，也就成了回歸自性、往生淨土的障礙，因此，修行佛法，回歸自性，也就必須消除這些障礙。

有智慧的念經人，他雖然也免不了這極快的妄想，然而，他卻不會肯定自己的妄想。譬如，經云：「從是西方，過十萬億佛土，有世界，名曰極樂。」有智慧的人，看了這句經文，便會生出一個意思，然而，他又不肯定這個意思，他有困惑，地球在轉動，哪裡是西方？一佛土有多大？十萬億佛土又有多遠？極樂有多樂？究竟是怎樣？他有妄想，不得證實，心有疑惑。這便是禪宗所說的疑情，這便是淨宗所說的蓮苞。這個疑情，這個蓮苞，也是妄想的產物，只是不明瞭而已。

綿密持咒，不生妄想，且能消除妄想。密咒有密義，凡夫不能知。既然不知其義，也就無從妄想。因此，反覆念誦一段咒文，能夠蕩滌一切妄想，所謂世間妄想，出世間妄想，種種妄想，統統蕩滌。猶如持一把利劍，佛來佛斬，魔來魔斬，逢著便殺，碰著即亡。斬來斬去，殺來殺去，則妄想脫落，真佛現前。真佛者，森羅萬相之本源也，圓照十方之自性也。這個本源自性，才是真正的總持，才是萬咒的根源，才是真正的大明咒、無上咒、無等等咒。證悟此心，契合此咒，能除一切苦，真實不虛。

經是佛經，咒是佛咒，或經或咒，總在佛上。佛者，蓋天蓋地的自性光明也。這個自性光明，本無名字，方便指示之故，安立種種虛號，或云無上咒，或云無上尊，或云無字經，或云總持，或云根源。名字有多，實際無二，只是諸人本具的智慧德相，只是諸人本具的自性光明。

# 附錄

## 佛法宗旨

是心作佛，是心是佛，離此心外，更無別佛。無量法門，只為悟心。彌陀法門，亦復如是。諸佛教化，只為悟心。離此一事，更無別旨。唯具足福德、智慧、因緣者，方能如是而信，如是而行，如是而證，餘者皆信不及，見不徹。所以，釋迦如來於法華會上，只度得個八歲龍女，華嚴會上，只度得個妙齡童子，涅槃會上，只度得個市井屠兒。試看這三人成佛的樣子，何曾向外求索？何曾得個六耳不傳的秘密？試看釋迦如來的教典，又何曾令人向外尋覓？又何曾有六耳不傳的秘密？

人人有一頭，不可向外更求頭。人人有一佛，不可向外更求佛。人人有一心，不可向外更求心。

《佛說觀無量壽經》云：「是心作佛，是心是佛。」（《大正藏》第十二冊，第三四三頁上。）

《般舟三昧經》云：「心作佛，心自見，心是佛心，佛心是我身。」（《大正藏》第十三冊，第八九九頁中。）

延壽大師（永明延壽（九〇四—九七五），唐末五代僧，俗姓王，字沖元，浙江餘杭人，中國淨土宗第六代祖師，也是法眼宗第三代傳人。）云：「只為不信自心是佛，向外馳求。若中下根，權令觀佛色身，系緣粗念，以外顯內，漸悟自心。若是上機，只令觀身實相，觀佛亦然。如《佛藏經》云：『見諸法實相，名為見佛。』」（《宗鏡錄》卷第十七。《大正藏》第四十八冊，第五〇六頁上。）

達摩大師云：「我本求心不求佛，了知三界空無物。若欲求佛但求心，只這心心心是佛。」（《少室六門》。《大正藏》第四十八冊，第三六九頁下。）

布袋和尚云：「只個心心心是佛，十方世界最靈物。縱橫妙用可憐生，一切不如心真實。」（《景德傳燈錄》卷第二十七。《大正藏》第五十一冊，第四三四頁中。）

蓮池大師（雲棲袾宏（一五三五—一六一五），俗姓沈，名袾宏，字佛慧，別號蓮池，因久居杭州雲棲寺，又稱雲棲大師。與紫柏真可、憨山德清、蕅益智旭並稱為「明代四大高僧」。蓮池大師因弘揚淨土宗貢獻頗大，被後世尊為中國淨土宗第八代祖師。）云：「只平常念去，但念不忘，忽然觸境遇緣，打著轉身一句，始知寂光淨土，不離此處，阿彌陀佛，不越自心。」（《禪關策進》。《大正藏》第四十八冊，第一一〇四頁下。）又云：「諸大乘經，皆以實相為正體。何謂實相？即現前一念心之自性是也。」又云：「一切經論，不過現前一念心之腳注，非心性外別有佛祖道理也。然心性難明，故藉千經萬論互相發明。今舍現前心性，而泛求經論，不啻迷頭認影矣。」（《靈峰蕅益大師宗論》。《嘉興藏》第三十六冊，第二九二頁中。）又云：「千經萬論，若顯若密，皆直指人心，見性成佛。除此心外，更無所詮。」（《靈峰蕅益大師宗論》。《嘉興藏》第三十六冊，第三一八頁下。）

一切經論，皆示此心。一切經論，皆證此心。一切經論，皆詮此心。一切經論，皆是圍繞著此心而展開的說教。此心亦名自性，人人皆具，個個不缺。眾生皆具而不知，故勞他世尊橫說豎說，建立種種教化。

我們的自性，本來不生不滅。我們的自性，本來能生萬法。我們的自性，本來是佛。我們的自性，本來極樂。捨自性而求佛，迷自頭而認影，則盡未來際，終不可得。

明心見性，或曰花開見佛，此是佛法的根本。《妙法蓮華經》云：「我以無數方便，種種因緣、譬喻言辭，演說諸法。是法非思量分別之所能解，唯有諸佛乃能知之。所以者何？諸佛世尊唯以一大事因緣故出現于世。舍利弗！云何名諸佛世尊唯以一大事因緣故出現于世？諸佛世尊，欲令眾生開佛知見，使得清淨故，出現于世；欲示眾生佛之知見故，出現于世；欲令眾生悟佛知見故，出現于世；欲令眾生入佛知見道故，出現于世。舍利弗！是為諸佛以一大事因緣故出現于世。」（《大正藏》第九冊，第七頁上。）

經文分明，告誡人們，佛法宗旨，令諸眾生，開示悟入，佛之知見。佛之知見，非從外來，一切眾生，悉自具足。蕅益大師云：「佛知佛見無他，眾生現前一念心性而已。」開示悟入，佛之知見，即是令諸眾生，明心見性。若用譬喻，即是令諸眾生，花開見佛。花開見佛，即是智慧花開，見自性佛。八萬四千法門，皆是為了達成這個宗旨而建立的。

修習佛法，首先要抱定「即心即佛」的根本見地，不可動搖。其次，選定一法，一門深入，只為見性，別無他求。久久功深，一機來臨，囝地一聲，則當下見性，亦名當下見佛，亦名到達彼岸。

到達彼岸的人，須於彼岸上養道，再到此岸上鍛煉，直至最後，打破彼此，全體一味。此時，彼此消融，全體一真，是真彼岸。

彼岸即此心，此心即彼岸。蓮池大師云：「六祖云：『吾有一物，無頭無尾，無背無面。』是則求于正相尚不可得，將以何物而名顛倒？《般若心經》云：『是諸法空相，不垢不淨。』是則求于淨相尚不可得，將指何處而號娑婆？不顛倒處，全身坐極樂蓮台。顛倒才生，應念住娑婆國土。即心即土，即土即心，西方去此不遠。」（《佛說阿彌陀經疏鈔》。《卍續藏》第二十二冊，第六六八頁下。）

是心作佛，是心是佛，不可心外更覓佛。不悟自心，向外求佛，是名外道。自古以來，無有修外道而成佛者。自古以來，師師相傳，只示此心，只悟此心，除此之外，實無一法與人。若人不悟，則授以金剛王寶劍，教人執定金剛王寶劍，將一切所知所見，斬得乾乾淨淨，只剩下這光皎皎、赤裸裸、一絲不掛、一塵不染的，當下認取，便大事了畢。金剛王寶劍，是個比喻，就淨土宗來說，就是執持名號，佛來佛斬，魔來魔斬，斬斷一切，露出真面。可惜，迷人不知，自心是佛，故而外求，則成娑婆。若是智者，當下悟心，則在在處處，無非淨土。極樂國土，只是諸人當下的這個體相一如的自心實相，只是諸人當下的這個體相一如的覺性靈明，離此心外，別無淨土。

蓮池大師云：「參禪只圖識心見性，念佛者悟自性彌陀唯心淨土，豈有二理？經云：『憶佛念佛，現前當來，必定見佛。』既曰現前見佛，則與參禪悟道，有何異哉？」（《禪關策進》。《大正藏》第四十八冊，第一一〇二頁中。）

佛即是禪，禪即是佛，參禪即是念佛，念佛即是參禪。參禪者，尋根也。念佛者，歸元也。尋根即歸元，歸元即尋根。念佛與參禪，名異而實同。

自性即佛，佛即自性，見性即是見佛，見佛即是見性。見性與見佛，名異而實同。

禪宗淨土，歸元不二。禪宗曰回歸自性，淨宗云往生淨土。回歸自性即是往生淨土，往生淨土即是回歸自性。回歸自性與往生淨土，名異而實同。

念佛的人，則一心念去，念到根塵脫落，則彼佛現前。彼佛現前，一見見得，心不顛倒，即得往生。

參禪的人，則一心參去，參到根塵脫落，則自性現前。自性現前，一見見得，囟地一聲，即得回歸。

學人當發大願，盡此一生，發明本心，度盡眾生，究竟成佛。發明本心者，識自本心，見自本性也。度盡眾生者，亦非離心之外，別有眾生可度，而是度盡自性眾生。自性眾生，乃自家習氣。自性眾生，虛妄不實，故云「如是滅度無量無數無邊眾生，實無眾生得滅度者」。究竟成佛者，覺性迷夢，究竟解脫也。猶如一人，夜間做夢，於夢之中，自作一豬。夢中之豬，不甘作豬，故而發心，誓願成人。夢中神人，授予一法，令撞柵欄，衝出豬界，方得成人。是豬勇猛，克己猛撞，夢中疼痛，亦不退轉，豁然之間，負疼一聲，大夢醒來。醒來方知，本來是人，非豬而成。此時，夢中之豬，夢中柵欄，夢中作為，無影無踪。本來是人，非豬而成。今得人身，得亦無得。眾生成佛，亦復如是。

# 念佛法門

經云：「憶佛念佛，現前當來，必定見佛。」（《楞嚴經》卷第五。《大正藏》第十九冊，第一二八頁中。）然而，如何是念？如何是佛？若也不知「如何是念」，那麼，喊破喉嚨亦徒然。若也不知「如何是佛」，那麼，歷經千劫亦不見。

如何是念？念即回歸。如何是佛？佛即自性。《淨土旨訣》云：「這一句阿彌陀佛，向四威儀中一心念去，務使字字分明，句句相續，念到一心不亂，花開見佛。則知念即是佛，佛即是念，念非是念，佛非是佛，彌陀自己渾作一人，極樂娑婆打成一片，然後以如是法度如是眾，期九蓮于上品，會三祇于一生，仰報四恩，同資三有，始是真正佛子也。」（《卍續藏》第二十二冊，第二十七頁下。）念佛即返本還源，念佛即回歸自性，即回歸自己現前這一念圓覺淨性。

念佛不是喊他，而是回歸自性。見佛不是見他，而是證悟自性。念佛若是喊他，見佛若是見他，便是錯誤的知見，便是錯誤的行持。錯誤的知見，錯誤的行持，則不得見佛。著相外求，心外立他，是人行邪道，不能見如來。蕅益大師（靈峰蕅益（一五九九—一六五五），明末四大高僧之一，淨宗九祖，吳縣木瀆（今屬江蘇）人，俗姓鍾。字蕅益，號八不道人。由於晚居靈峰（今浙江安吉）建寺、創社、著書，故世稱靈峰蕅益大師。）云：「佛知佛見無他，眾生現前一念心性而已。」（《靈峰蕅益大師宗論》卷第二。《嘉興藏》第三十六冊，第二八七頁中。）徹悟大師（資福徹悟（一七四一—一八一〇），清代高僧，淨宗十二祖。俗姓馬，名際醒，字徹悟，號夢東，京東豐潤（今河北豐潤）人。）云：「現前一念心性，本與佛同體。」（《徹悟禪師語錄》卷上。《卍續藏》第六十二冊，第三三九頁下。）諸佛祖師皆云，「即心即佛」，「心淨則佛土淨」。既然念是回歸，佛是自性，那麼，念佛便不是喊他，即是返本還源，回歸自性。蓮池大師云：「無量行法，今但持名一法，足以該之。以持名即是持此一心。」（《阿彌陀經疏鈔》。《卍續藏》第二十二冊，第六〇六頁上。）又云：「念空真念，生入無生。念佛即是念心，生彼不離生此。心佛眾生一體，中流兩岸不居。故謂自性彌陀，唯心淨土。」（《阿彌陀經疏鈔》卷一。《卍續藏》第二十二冊，第六〇六頁中。）又云：「終日念佛，終日念心。熾然往生，寂然無往矣。」（《阿彌陀經疏鈔》。《卍續藏》第二十二冊，第六〇六頁中。）何以故？「回向西方者，回向自性也。」（《阿彌陀經疏鈔》。《卍續藏》第二十二冊，第六〇八頁上。）「阿彌陀佛，全體是當人自性。」（《阿彌陀經疏鈔》。《卍續藏》第二十二冊，第六〇四頁下。）

念佛不是念他，而是念心。若是念他，即是遠行。若是念心，即在當下。經云，寶處在近，不在遙遠。

說遠說他，乃為信不及之人而作宗教隱喻。說近說自，乃為上上根器之人而直指人心。針對信不及之人，則隨其根器，方便引導，誘他前行。然而，繞來繞去，轉來轉去，終歸是要使他轉成上上根器的人，終歸是要使他見到當下的自性，終歸是要使他悟到真實的自己。

欲見十方諸佛，但見真實自己。見得真實自己，方見十方諸佛。不見真實自己，徒然自我誑惑。見得真實自己，方知十方世界，恒沙諸佛，皆是自己，更無他人。無自無他，全體一味，是名真實自己。

可見，念佛即是念心，念心即是念佛，即是觀照自己現前這一念心性，回歸自己現前這一念心性。

在眾多的念佛法門中，《佛說阿彌陀經》特推持名念佛。若人依教奉行，執持名號，心念耳聞，若一日，若二日，乃至七日，清淨自性，自然現前。這時，若能認出這個一塵不染的自性，便是心不顛倒，即得往生阿彌陀佛極樂國土，亦名回歸自性。

持名念佛，方便易行。持名念佛，普被三根。持名念佛，究竟成佛，亦名究竟解脫。徹悟大師云：「一切法門，以明心為要。一切行門，以淨心為要。然則明心之要，無如念佛。憶佛念佛，現前當來，必定見佛，不假方便，自得心開。如此念佛，非明心之要乎？復次，淨心之要，亦無如念佛。一念相應一念佛，念念相應念念佛。清珠下于濁水，濁水不得不清。佛號投于亂心，亂心不得不佛。如此念佛，非淨心之要乎？」（《徹悟禪師語錄》卷上。《卍續藏》第六十二冊，第三三二頁下。）如此念佛，即是淨心之要。如此念佛，即是明心之要。省庵大師（梵天省庵（一六八六—一七三四），清代高僧，淨宗十一祖。俗姓時，名實賢，字思齊，江蘇常熟人。）云：

念佛休嫌妄想多，
試觀妄想起于何。
無心收攝固成病，
著意遣除亦是魔。
救火抱薪添烈焰，
開堤引水作長河。
直須字字分明念，
念極情忘有甚麼？（《省庵法師語錄》。《卍續藏》第六十二冊，第二五二頁下。）

虛雲老和尚說：「大家怕妄想，以降伏妄想為極難。我告訴諸位，不要怕妄想，亦不要費力去降伏他，你只要認得妄想，不執著他，不隨逐他，也不要排遣他，只不相續，則妄想自離。所謂『妄起即覺，覺即妄離』。若能利用妄想做功夫，看此妄想從何處起？妄想無性，當體立空，即復我本無的心性，自性清淨法身佛，即此現前。究實言之，真妄一體，生佛不二，生死涅槃，菩提煩惱，都是本心本性，不必分別，不必欣厭，不必取舍，此心清淨，本來是佛，不需一法，哪裡有許多囉嗦？」（《虛雲和尚全集》第一冊，第一六二頁。）

或念佛，或參禪，用功方法，基本相同。念佛的人，全神貫注在這句佛號上，借此方便，隔斷妄心，勿令妄心，逐境變遷。參禪的人，全神貫注在一個疑情上，借此方便，隔斷妄心，攝持妄心，回歸本源。如此而念佛，或如此而參禪，妄念若起，亦不理睬，這便是「只不相續，則妄想自離」的道理，這便是「清珠下于濁水，濁水不得不清，佛號投于亂心，亂心不得不佛」的道理。如此用功，久久純熟，則根塵識心，自然消落，清淨境界，自然現前。

見性之前，或曰見佛之前：持名念佛，心念耳聞，功至極處，豁然頓脫。這時，回光一見，一見見得，即得往生阿彌陀佛極樂國土，亦名回歸自性，亦名往生自性淨土。

見性之後，或曰見佛之後：不念而念，念而不念，一念萬年，萬年一念。這時，自性具足，無上功德，自性具足，無盡妙用，即此便是阿彌陀佛極樂國土。

執持佛號，心念耳聞，佛來佛斬，魔來魔斬，只斬得乾乾淨淨。此時，便是「放下屠刀，立地成佛」時。放下者，脫落也。屠刀者，名號也。立地者，心地也。成佛者，悟心也，見性也。放下屠刀，立地成佛，根塵脫落，本來是佛。可惜，千百年來，念佛的少，喊他的多，趣外奔逸，向外求他，漸行漸遠，愈迷愈深，少有花開見佛的人。

諸佛教化，根本意趣，究竟在何處？諸佛祖師，種種方便，意在諸人識得自己。何以故？諸人自己，本來是佛。清淨自性，原是淨土。世人不識，起幻逐幻，故三界六道，輪回不息。若人知趣，時時放下，步步回歸，則定生淨土，定證阿鞞跋致。既生淨土，既證不退，則在在淨土，處處西方。西方，即是十方，非局限在一方也。若局限在一方，則非淨土也。

借西門而入，若是入了，則西方即是十方。借東門而入，若是入了，則東方即是十方。西方是十方，東方是十方，法法歸元，皆是十方。

## 念佛往生

很多人誤解「念佛往生」這句話，把「念佛」當作「喊他」，把「往生」當作「搬遷」，而不知「念佛往生」是個比喻，比喻返本還源，回歸自性。念佛即是念自性，往生即是歸自性。

念佛，即是思念佛，回歸佛，與佛相應，亦名小我回歸大我。佛不是別人，而是真實的自己，而是「天上天下，唯我獨尊」的這個「我」，而是「不生不滅，不垢不淨」的這個「心」。

念佛法門，無量眾多，就《觀無量壽經》來說，就有十六觀，就有十六種念佛的方法。持名念佛，只是十六種念佛方法的一種。《佛說阿彌陀經》提倡持名念佛。可見，持名念佛是念佛法門中的一門，而不是念佛法門的全部。持名念佛，心念耳聞，以此方法，隔斷妄想，消融習氣，回歸淨土。

念佛的是誰？佛又是誰？這個念佛人，不是別人，正是偏位上的自己，或曰凡夫位上的自己，或曰菩薩位上的自己。

佛又是誰？也不是別人，正是正位上的自己，正是諸人不生不滅的自性，也是三世諸佛的本真。

念佛，就是偏位回歸正位，就是小我回歸大我，就是眾生回歸法身。

通過持名念佛，見到了這個本來清淨的自性，見到了這個不生不滅的自性，即是花開見佛，即是往生淨土。

「花開見佛」，這個「花開」，不是那裡的蓮花開敷，而是當下的心花開敷。見佛，不是見那裡的彌陀，而是見當下的自性，所謂明心見性是也。

明心見性，是宗下的直說。花開見佛，是教下的隱喻。或直說，或隱喻，所指之實，無二無別。蓮池大師云：「自性在迷，如華尚蕊。自性忽悟，如華正開。」（《佛說阿彌陀經疏鈔》。《卍續藏》第二十二冊，第六四四頁下。）

往生，不是從這裡搬遷到那裡，而是於此當下，回歸自性。

淨土世界，不是那裡的物理環境，而是當下的悟後境界，而是當下的本然境界。蓮池大師云：「『自性彌陀，惟心淨土』二語，世爭傳之，不知以何為心性也。夫性非道理，無所不統，故十劫久成之導師，不在性外。心非緣影，無所不具，故十萬億剎之極樂，實在心中。惟彌陀即自性彌陀，所以，不可不念。淨土即惟心淨土，所以，不可不生。」（《靈峰蕅益大師宗論》。《嘉興藏》第三十六冊，第二八三頁中。）又云：「依正信願，兼備交資，而得往生，皆不出自心。」（《阿彌陀經疏鈔》。《卍續藏》第二十二冊，第六一七頁下。）延壽大師云：「若見自法，何法非自？或凡或聖，若是若非，凡有指陳，皆不出自心之際。如是信者，方到法原。」（《宗鏡錄》卷十。《大正藏》第四十八冊，第四七四頁中。）天如大師云：「十萬億國，在我心中，其實甚近，何遠之有？命終生時，生我心中，其實甚易，何難之有？」（《淨土或問》。《大正藏》第四十七冊，第二九八頁下。）往生淨土，即是回歸自性，除此之外，更無他往。若有他往，皆是妄想，即成輪回。

執持名號，功至極處，或磕著，或碰著，便能根塵脫落，清淨自性，當下現前。此時，若能認出這個本來清淨的自性，便是見性，便是見佛，便是心不顛倒，即得往生阿彌陀佛極樂國土。見佛，不是見到了一個相好莊嚴的他，而是證悟到了這個具足萬德的自性，而是見到了這個具足萬德的妙明真心。

把念佛當作喊他，把往生當作搬遷，無論怎麼用功，皆不得真實受用，甚至還會念出個放光動地的虛幻佛像。若是出現了這種情況，以為是見佛了，便會陷入唯心所造的幻境。住著幻境，不識根本，即名顛倒。心顛倒故，則不得見性，不得見佛，不得往生阿彌陀佛極樂國土。

持名念佛，心念耳聞，綿綿密密，密密綿綿，妄念若起，亦不理睬。如是念佛，如是觀音，即是持名念佛。如是念佛，如是觀音，若一日，若二日，乃至七日，一心不亂，功至極處，或磕著，或碰著，便能根塵脫落。根塵脫落，體露真常。於此當下，輪回之命，豁然終止。如此之狀，即是臨命終時。

輪回之命，豁然終止。圓覺心光，及其妙用，當下呈現，這便是「阿彌陀佛，與諸聖眾，現在其前」。這時，若能透過這個遍含萬相、一塵不染的平等境界，見到了這個遍含萬相、一塵不染的圓覺自性，便是心不顛倒。心不顛倒，即得往生阿彌陀佛極樂國土。

口稱彌陀，向外喊他，這不是持名念佛，而是著相外求。四大分散，氣斷命絕，這不是臨命終時，而是正在輪回。見佛相好，及眾形象，這不是「阿彌陀佛，與諸聖眾，現在其前」，而是幻境現前。頭腦清醒，著相見佛，這不是心不顛倒，而是正在顛倒。不識自性，隨相而往，這不是往生極樂國土，而是進入下一個輪回。

問：心不顛倒，即得往生。如何是心不顛倒？

答曰：識得根源，不逐相遷，即是心不顛倒。自己念一句佛，然後，試問自己，這一念是從何處起的？如何是這一念的根源？唯此一心，更無別源。還識得此心麼？識得此心，應緣無住，即名心不顛倒。不識此心，隨相流遷，即名顛倒妄想。

見種種色，聞種種聲，這見色的是誰？這聞聲的是誰？種種色相，種種音聲，是依何而現的？唯此一心，更無別源。識得此心，即名心不顛倒，即得往生阿彌陀佛極樂國土。然而，世人卻把向外喊他當作念佛，把氣斷命絕當作臨終，把佛像顯現當作見佛，把頭腦清醒當作心不顛倒，把搬遷他方當作往生淨土。這是依文解義，正是顛倒妄想。

《圓覺經》云：「知是空花，即無輪轉，亦無身心，受彼生死，非作故無，本性無故。」（《大方廣圓覺修多羅了義經》。《大正藏》第十七冊，第九一三頁下。）心如明鏡，唯獨是一，鏡中之相，無量無邊。迷人不知，此是幻影，妄生分別，愛憎取捨，故隨境遷，即成輪回。

同樣，覺性心體，無二無三，心中之相，無量無邊，既有美形，亦有醜相，既有冤親，亦有債主。迷人不知，皆是空花，本無實際。不知之故，見佛則喜，見魔則怖，愛憎取捨，妄生染著。如此取捨，如此染著，則是趣外奔逸，亦名輪回。

黃檗禪師云：「若觀佛作清淨光明解脫之相，觀眾生作垢濁暗昧生死之相。作此解者，歷河沙劫，終不得菩提。為著相故。唯此一心，更無微塵許法可得，即心是佛。如今學道人，不悟此心體，便于心上生心，向外求佛，著相修行，皆是惡法，非菩提道。」（《黃檗山際禪師傳心法要》。《大正藏》第四十八冊，第三八〇頁上。）

識得根源，即是心不顛倒。心不顛倒，即是識得根源。有人以為，臨命終時，彌陀現前，頭腦清醒，心不糊塗，即是心不顛倒。非也。未悟空性，未見實相，則起心動念，見聞覺知，盡在顛倒之中。何以故？空性為本，幻相為末。不識根本，把幻作真，正是顛倒。識得空性，順應空性，不隨習氣，不逐幻相，是名心不顛倒。心不顛倒，即得往生阿彌陀佛極樂國土。

問：如何是念佛？

答曰：有人以為，口念佛號，即名念佛，其他法門，則不名念佛。此言差矣。佛教法門之中，法法皆念佛，門門歸淨土，所謂萬法歸宗是也。宗者，佛也，心也，法身也，自性也，淨土也。名雖有多，實無二致。

執持名號，念念歸宗，此是持名念佛。秘密持咒，念念歸宗，此是持咒念佛。參究疑情，直取根本，此是參究念佛。真心懺悔，當下自見，此是懺悔念佛。借助音聲，反觀自見，此是觀音念佛。借助色相，反觀自見，此是觀相念佛。一切法門，皆是念佛見佛的法。一切法門，皆是返本還源的法。一切法門，皆是反觀自見的法。

就淨土宗來說，一句佛號，心念耳聞，綿綿密密，密密綿綿，妄念若起，亦不理睬。如是念佛，如是觀音，即是持名念佛。

問：如何是見佛？

答曰：見性即是見佛，見佛即是見性，而不是見到一個形相。《樂邦文類》：「三昧既成，隨念即見。見是心性，名心作佛，佛既心作故，見佛時名見自心。若見自心，即見佛心，以彼佛心是我心故，故此中意，但觀自心及所見佛不出法性故，見佛心即見己心，己心佛心即是中道。」（《大正藏》第四十七冊，第一五八頁下。）

如今學人，多不相信，自心是佛，多不反觀，自心實相，而是向外求玄，境上見他。結果，上當受騙，精神錯亂。

定中見相，唯心所造，猶如夢中，飛身升空，遨遊天界，這也只是個唯心所造的夢境，哪裡是什麼飛身升天？定中見相，認幻當真，這便是《楞嚴經》所說的「若作聖解，即受群邪」。《楞嚴經》云：「又以此心，成就清淨，淨心功極，忽見大地，十方山河，皆成佛國，具足七寶，光明遍滿。又見恒沙諸佛如來，遍滿空界，樓殿華麗，下見地獄，上觀天宮，得無障礙。此名欣厭，凝想日深，想久化成，非為聖證。不作聖心，名善境界。若作聖解，即受群邪。」（《大佛頂如來密因修證了義諸菩薩萬行首楞嚴經》卷第九。《大正藏》第十九冊，第一四八頁上。）

## 正信淨土

彌陀淨土，難信之法。何以難信？原因有四：

一、信他是佛易，信己是佛難。教下有云，眾生本來是佛。還信得及否？凡夫不信自己是佛，只信他方有彌陀。

若欲成佛，當信佛言，自心是佛。種種修行，只為悟心。自心是佛，還信否？若也不信，則不名信佛。若也不信，則不得見佛。延壽大師云：「若未識者，以信為先。信者信何物？信心是佛。無始無明，輪回生死，四生六道，受種種形，只為不敢認自心是佛。若能識自心，心外更無別佛，佛外無別心，乃至舉動施為，更是阿誰？除此心外，更無別心。若言別更有者，汝即是演若達多，將頭覓頭，亦復如是。」（《宗鏡錄》卷九十八。《大正藏》第四十八冊，第九四三頁中。）黃檗大師云：「諸佛與一切眾生，唯是一心，更無別法。此心無始已來，不曾生，不曾滅，不青不黃，無形無相，不屬有無，不計新舊，非長非短，非大非小，超過一切限量名言蹤迹對待，當體便是，動念即乖，猶如虛空，無有邊際，不可測度。唯此一心即是佛，佛與眾生更無別異。但是眾生，著相外求，求之轉失，使佛覓佛，將心捉心，窮劫盡形終不能得。」（《傳心法要》。《大正藏》第四十八冊，第三七九頁下。）蓮池大師云：「直下頓了，此心本來是佛，無一法可得，此是無上道，此是真如佛。學道人只怕一念有，與道隔矣。」（《雲棲大師遺稿》。《嘉興藏》第三十三冊，第一一九頁中。）

昧卻自心，則十方世界，盡是穢土。悟了自心，則十方世界，無非淨土。可惜眾生，不悟自心，向外覓佛。如此外求，去道遠矣。

二、信佛在遠易，信佛在近難。教下有云，化城在遠，寶所在近。還信得及否？若也信不及，則不名信佛。往生淨土，即生於自心。心何遠乎哉？只在當下照徹十方。蓮池大師云：往生淨土「生于自心。故不往而往，名為往生。」（《阿彌陀經疏鈔》。《卍續藏》第二十二冊，第六六八頁上。）古德云：「生則決定生，去則實不去。」（《淨土十要》卷十。《卍續藏》第六十一冊，第七五四頁上。）古德所言，信得及否？幻相來迎，隨他去否？《圓覺經》云：「知幻即離，不作方便。離幻即覺，亦無漸次。」於此當下，若能認出這個「朗照十方的妙明真心」，即是心不顛倒，即得往生淨土。

三、信死後往生易，信當下往生難。經云，執持名號，若一日，若二日，乃至七日，一心不亂，臨命終時，彌陀現前，心不顛倒，即得往生。「臨命終時」，是指根塵脫落時，是指輪回終止時，而非氣斷命絕時。「心不顛倒，即得往生」，這是指當下往生。可惜迷人，將此一事，推至百年，以為臨死之時，他來接引，生到西方。帶著這樣的「死後投胎」見解，盼著百年之後，他來迎請。帶著這樣的見解而念佛，無異等死。這裡一錯，全盤皆輸。

四、信彌陀接引易，信自性接引難。《佛說觀無量壽佛經》云：「是心作佛，是心是佛。」（《大正藏》第十二冊，第三四三頁上。）蕅益大師云：「此之法門，全在了他即自。」（《淨土十要》卷一。《卍續藏》第六十一冊，第六五五頁中。）他不是別人，他原來是我。這個我，不是自他差別的我，而是自他不二的我。佛祖所言「是心作佛，是心是佛」，「自性彌陀，唯心淨土」，還信得及否？若也不信，則不名信佛。「阿彌陀佛，與諸聖眾，現在其前」，這「阿彌陀佛，與諸聖眾」，究竟是誰？此乃自他不二的自性，此乃體相一如的自性。除此之外，更無有他。若更有他，且隨他去，這是輪回，不是往生。

若欲正信淨土，當明淨土含義。淨者，清淨也，一塵不染也。土者，心地也，自性淨土也。自性淨土，本來清淨無染。自性淨土，本來光明無量。自性淨土，本來壽命無量。自性淨土，本來照徹十方。迷自性，則當下即是娑婆。悟本來，則當下即是西方。故《維摩經》云：「欲得淨土，當淨其心，隨其心淨，則佛土淨。」（《大正藏》第十四冊，第五三八頁下。）

心即是土，土即是心，心外無土，土外無心。心清淨故，則一切處清淨，一切時清淨。若心不淨，則金銀圍繞，也是塵埃，名揚天下，亦同繩索。所謂淨土，即淨心也。心淨了麼？全體放下，一絲不掛，無掛礙故，無有恐怖，遠離顛倒夢想，究竟涅槃，究竟解脫。故修行當從自淨其意下手，故曰「自淨其意，是諸佛教」。若是離了自淨其意而別求淨土，則非佛教。

蓮池大師有問答云：

「問曰：淨土攝機誠乎其廣矣，愚不敢復議矣。然亦嘗聞有惟心淨土、本性彌陀之說。愚竊喜之，及觀淨土經論，所謂淨土者，十萬億土外之極樂也。所謂彌陀者，極樂國中之教主也。是則彼我條然，遠在惟心本性之外矣。果何謂耶？

答曰：汝言局矣，不識汝心之廣大而明妙者矣。《楞嚴》云：『色身外洎山河虛空大地，咸是妙明真心中物。』又云：『諸法所生，惟心所現。』安有佛土而不在吾心者哉？當知淨土惟心，心外無土，如大海之現群漚，無一漚能外海也。惟心淨土，土外無心，猶眾塵之依大地，無一塵不名地也。又當知，先聖有云：『惟此一心，具四種土。一曰凡聖同居。二曰方便有餘。三曰實報無障礙。四曰常寂光也。』」（《淨土或問》。《大正藏》第四十七冊，第二九四頁上中。）

蓮池大師又云：「十方微塵國土者，惟吾心中之土也。三世恒沙諸佛者，惟吾心中之佛也。知此則知，無一土不依吾心而建立，無一佛不由吾性而發現。然則十萬億外之極樂，獨非惟心之淨土乎？極樂國中之教主，獨非本性之彌陀乎？」（《淨土或問》。《大正藏》第四十七冊，第二九四頁下。）

明心見性，回歸淨土，這是一切法門的共同指歸，這是一切菩薩的究竟果地。不悟自性，不歸淨土，則總在娑婆，不出輪回。悟了自性，淨了自心，則直下往生極樂國土。往生極樂，實無所去，乃回歸自性而已。天如大師云：「萬國在我心中，甚近。何遠之有？命終生我心中，甚易。何難之有？」（《靈峰蕅益大師選定淨土十要》。《卍續藏》第六十一冊，第六九七頁上。）

凡是自淨其心的法門，皆是淨土法門。凡是自淨其心的眾生，皆是發願成佛的菩薩。從這個意義上來說，或禪或密，或淨或律，乃至百千法門，皆是心地法門，皆是淨土法門。

諸佛法門，實無高下，皆當機之教，權宜之法。迷人昧心，偏執一門，以為最勝，其他法門，皆不能及。如此偏執，妄分高下，已屬不淨。既屬不淨，則不得往生阿彌陀佛極樂淨土。

極樂淨土，萬法所歸。持名，參禪，修密，持戒，一切法門，皆歸淨土。故不可單立一法為淨土，其餘則非淨土也。

淨者，究竟之清淨也，本來之清淨也。土者，地也，自心地也。極樂淨土，乃普照十方、竪窮三際之妙體，乃遍含萬相、一塵不染之法身。回歸了這自性妙體，回歸了這自性法身，便是往生了淨土，便是與諸上善人同聚一會。今偏執一法為勝，他法為劣，則成法有高下之邪見。執勝執劣，執高執下，已落妄想，已非淨土。故知法無高下，唯在人用。心正，則法法皆法。心邪，則法法皆邪。故經云：「實無有定法名阿耨多羅三藐三菩提。」

欲修淨土，當須正信。若不正信，胡亂修行，則不得往生。

問：如何是正信？

答曰：第一，西方表放下，放下即西方。一天之中，日落為西。日落之時，應當休息。日已西落，忙個什麼？一生之中，暮年為西。人到暮年，應當卸妝。卸去偽裝，我究竟是誰？一事之中，事生為東，事過為西。事已過去，應當放下。放下之後，這是什麼？西方表放下，放下，放下即西方。迷人不知，卻把太陽落的地方當作西方，往生西方則成了從這裡搬遷到太陽落的那個地方，從地球搬遷到金沙鋪地的那個地方。如此妄想，不是正信。如此妄行，不是正行。邪信邪行，則不得往生。

第二，彼佛表自性，自性即彼佛。彼佛光明無量，壽命無量，接引十方眾生。或問曰：彼佛在哪裡？答曰：彼佛在彼岸。或問曰：彼岸在哪裡？答曰：苦海無邊，回頭是岸。或問曰：如何是回頭？如何是彼岸？答曰：這個是桃花，那個是梨花，住著差別境，苦海無有邊。見花的是誰？聞香的是誰？回頭自己見，見了即彼岸。迷人不知，將彼佛作他，將凡夫作己。結果，以我求他，人我二見，即成魔障。

第三，佛土即心土，心土即佛土。土者，地也。地者，心地也。修行用功，當從自家心地用功，所謂自淨其意，所謂心淨土淨。自淨其意，心淨土淨，即是從自家心地上用功。不從自家心地上用功而能成佛者，無始以來，無有其事，乃至盡未來際，亦無有其事。法藏比丘自淨其意，方得成佛。悉達多太子自淨其意，方得成佛。未來菩薩，亦是自淨其意，方得成佛。迷人不知，以為自己的心清淨了，西方的佛土也就清淨了。豈有此理？「隨其心淨，則佛土淨」，這明明告訴我們，心即是土，土即是心，心土二名，原是一實。若是二事，豈能心淨則佛土淨？

第四，念佛即回歸，回歸即念佛。念者，思念也，回歸也，回向也，自淨其意之修行也。佛者，本來也，自性也，自心也，三世如來之法身也。念佛是返本還源之行，念佛是回歸自性之行。持名念佛，就是借助一句佛號，隔斷一切顛倒妄想，證悟自家本來面目。迷人不知，以為這個「念」，就是念叨，就是呼喊。以為這個「佛」，就是那個他，就是那個佛。結果，用一句佛號，向外喊他，功夫深了，幻佛現前。迷人不知，把幻當真，落入幻境，以為靈驗。若是幻佛不現，他便心生慚愧，責怪自己業障深重。如此邪見邪行，不但不能往生，反而造成精神錯亂。

問：如何是胡亂修行？

答曰：依照文字，妄想佛義。依照妄想，錯誤修行。如此修行，即是胡亂修行。〈開經偈〉云：「無上甚深微妙法，百千萬劫難遭遇。我今見聞得受持，願解如來真實義。」凡夫依照文字所想像的那個義，皆非「如來真實義」，而是凡夫妄想的義。諸佛說法，善用比喻。可惜迷人，將比喻當作實際。譬如，經云西方淨土，迷人便將西方淨土定位在太陽落的那個方向。經云金沙鋪地，迷人便將金沙鋪地當作金子做成的世界。經云持花供養十方諸佛，迷人便想像出一個飛行十方，於恒沙諸佛面前逐個送花。如此依文解義，不是「如來真實義」，而是迷人的依文解義，而是迷人的顛倒妄想。依此妄想而修，不得成就。何以故？這不是依教奉行，而是依妄想而行。

## 末法修行，持名念佛

蕅益大師云：「經云，末法億億人修行，罕一得道，唯依念佛得度。嗚呼。今正是其時矣。舍此不思議法門，其何能淑？」（《淨土十要》卷第一。《卍續藏》第六十一冊，第六五八頁下。）蕅益大師，高推持名，用意明確，意在令人，持名念佛，獲得成就。

問：如何是正法？如何是像法？如何是末法？

答曰：心地法門，心地用功，即是正法。著相修行，心誠求之，即是像法。不問佛理，但向外求，即是末法。去佛不遠，猶佛在世，即是正法。去佛漸遠，落在教相，即是像法。

去佛久遠，教相亦衰，是名末法。

若從歷史演變而論，正法、像法及末法的年限，大致有四種說法。正法五百年，像法一千年，末法一萬年。這一說法，廣泛流行。

正法、像法及末法，這是對佛法演變的大致描述，然而，也不可看得太死。何以故？正法之中，亦有末法。末法之中，亦有正法。譬如，佛陀時代，也有不聞佛法、唯求保佑的，這便是正法時代中的末法。當今時代，也有心地法門、心地用功的，這便是末法時代中的正法。

佛法是心地法門，正法、像法及末法，也應當從心地而判斷。其實，正法五百年，像法一千年，末法一萬年，這一判斷，也是從心地而判斷的。正法時代，人心樸實，從心而修，這個樸實修行的風氣，大致延續五百年。像法時代，落在教相，糾結教理，這個著相修行的風氣，大致延續一千年。末法時代，不問佛理，但求保佑，這個不問佛理、但求保佑的風氣，大致延續一萬年。

或正法，或像法，或末法，因人而異，不可定論。心地法門，心地用功，雖在今日，亦是正法。落在教相，糾結佛理，雖在今日，亦是像法。不問佛理，但求保佑，無論何時，皆是末法。在佛陀時代，不聞佛法者，有之，乃至破壞佛法者，也有之。此一類人，雖在佛陀時代，卻在末法之中。在當今時代，得聞正法者，有之，修有成就者，也有之。此一類人，雖在當今時代，亦在正法之中。

問：持名念佛，如何修行？

答曰：持名念佛，當須正信、正願、正行，方得實證。若非正信、正願、正行，則不得實證，反而因為邪信、邪願、邪行之故，而深受自己的邪信、邪願、邪行之害。

一、以發願為動力

發願往生，與諸上善人為伴，即是與諸上善人相應。若不與諸上善人相應，又怎能與諸上善人為伴？

諸上善人，包括大阿羅漢，諸大菩薩。阿羅漢，亦名離欲阿羅漢，就是離開貪欲的人。我們學佛，當發大願，離開貪欲，免受欲海吞沒。大菩薩，亦名覺有情，亦名佛子，就是發願成佛的人。我們學佛，當發大願，誓願成佛，救度眾生。

發願往生，與諸上善人為伴，這分明是說，我們學佛，當發大願，離開貪欲，度盡眾生，究竟成佛。

發此大願，行此大願，是名與諸上善人為伴，亦名與諸上善人相應，即得往生阿彌陀佛極樂國土。無此大願，無此大行，則不能與諸上善人相應，則不得往生阿彌陀佛極樂國土。

發願往生，不是把自己移民到善人國裡去。自己不善，煩惱滿腹，則在在處處，無非娑婆，哪裡更有極樂？自心清淨，一絲不掛，則在在處處，即為有佛，哪裡不是淨土？

二、以持名為助緣

執持名號，一心不亂，是見佛往生的助緣。執，就是執著不放。持，就是持之以恒。名號，就是彌陀名號。一心不亂，就是專注佛號，妄念若起，亦不理睬。執持名號，就是念佛名號，聞佛名號，一心專注，持之以恒。

佛本無名，方便立名。名是虛名，號是假號。虛名假號，本無實際。聞之於耳，盡是虛聲。視之於目，無非幻形。虛聲幻形，幻生幻滅，豈有實際？猶如鏡影，亦如水泡，種種形象，好像是有，若欲取之，則不可得。

持名念佛，出於口，聞於耳，綿綿密密，密密綿綿，念念只在這句佛號上，借此方便，隔斷妄想。蓮池大師云：「句句出口入耳，聲聲喚醒自心。」如此念佛，如此觀音，綿綿密密，密密綿綿，若一日，若二日，乃至七日，一心不亂，圓覺自性，及其妙用，則當下呈現。這便是「阿彌陀佛，與諸聖眾，現在其前」。

「阿彌陀佛，與諸聖眾，現在其前」，這是個譬喻，切莫把譬喻當實際。若是出現了一個相好莊嚴的佛，及眾多飄逸的菩薩，則不用認取他。何以故？這是業識所現，如夢如幻，本無實際。

### 三、以精進為實行

「阿彌陀佛，與諸聖眾，現在其前」，這也是努力精進的結果。佛非他人，這是自性妙體。諸聖眾亦非他人，這是自性妙用。佛不來而來，故名現在其前。眾生不往而往，故曰生則決定生，去則實不去。執持名號，心念耳聞，功至極致，則自性當下顯現，眾生當下解脫。

蓮池大師有問答云：

「問：既云往生，昔人又謂生則決定生，去則實不去。是乃有生無往。今日往生，二義相戾。

答：以生于自心，故不往而往，名為往生。如《華嚴》解脫長者說。《華嚴》重重法界，不出一心。《楞嚴》十方虛空，皆汝心內。是知極樂之生，生乎自心。心無界限，則無西無東，去至何所？狀其易穢而淨，脫舊而新，離一得一，似有所往，名之為往，豈曰從此向彼，如世間經城過邑之往耶？」（《佛說阿彌陀經疏鈔》。《卍續藏》第二十二冊，第六六八頁上。）

「阿彌陀佛，與諸聖眾，現在其前」，這是針對立足於偏位上的人而說的。若是立足於正位上的人，法界萬相，無非自己，哪裡更有他？然而，立足於偏位上的人，以自己所立足的偏位為自己，以其餘為他，這就有了人我相對。立足偏位，人我相對，即是眾生。

凡是眾生，皆有所得。菩薩眾生，有智可得，有佛可得。羅漢眾生，有道可修，有涅槃可得。凡夫眾生，有名可得，有利可得。立足偏位，有我有人，人我相對，所以，就有了自力與他力之說，作為方便引導。

自力，是立足於偏位上的自我努力。有了這個自我努力，只要方法得當，如法用功，就能與佛相應，就能得到佛力加持，或云就能與自性相應，就能得到自性加持。自性即佛，佛即自性，離自性外，更無別佛，離自性外，豈有他力？

他力，就偏位眾生來說，阿彌陀佛即是他力，或云自性光明即是他力。究實而論，正位偏位，自力他力，皆是自性中事。自性無內外，全體是自己，離自性外，哪裡有他力？若更有他，此是二法，不是佛法。

淨土宗所說的佛來接引，不是外來一個佛，把人接到某個地方，而是自性彌陀，現在其前，接引眾生，往生淨土。或云自性現前，若能一見見得，一肯肯定，不再疑惑，即得往生淨土，亦名回歸自性。

未悟之前，立足偏位，有自力，有他力，自力他力，是二非一。

悟了之後，一真法界，無自無他，全體自己。若有自他，則非一真。然而，下根之人，信不能及，是故釋迦如來，於一真法界中，方便立教，說自說他。以彌陀表自性，以眾生表假象，引領眾生，往生淨土，或云引領眾生，回歸大我，或云引領眾生，回歸自性。究是而論，或自或他，無非大我，無非自性。學人信不及，故用隱喻，普被三根，告知曰，娑婆世界是如何地苦，極樂世界是如何地樂，以此方便，引導學人，放下執著，脫離娑婆。所謂娑婆世界，也不是物理意義上的世界，而是捕風捉影的煩惱世界。

執持名號，一心專注，功至極處，一切執著，自然消融，一切纏縛，自然解脫。這時，若能認出了這個包羅萬相的大我，若能認出了這個一塵不染的自性，便是往生了淨土，亦名回歸了自性。這時方知，能念的是我，所念的是我，能所不二，絕待無對，此是真彌陀，此是真淨土，故古德云：「自性彌陀，唯心淨土」。

一切萬相，皆是自性的變現，歸根到底，皆是自性，返本還源，無非自己。然而，這個自己，卻不是生滅的幻我，也不是化現的諸佛，而是本自清淨、能生萬法的獨尊之我。生滅的幻我，化現的諸佛，皆是這一念真心的幻化，皆是這獨尊之我的幻化。幻化之相，無量無邊。微妙之用，恒沙無數。無量無邊之相，恒沙無數之用，皆是這妙明真心中的物。

自力，是這一念真心的力。他力，也是這一念真心的力。若無這一念真心，誰來念佛？分明是這一念真心的作為。若無這一念真心，誰來現相？分明是這一念真心的現相。這一念真心，即是這不生不滅的無相真心。這一念真心，即是這映現萬相的無相真心。蕅益大師云：「十方虛空，微塵國土，元我一念心中所現物。」「西方依正主伴，皆吾現前一念心中所現影。」（《淨土十要》。《卍續藏》第六十一冊，第六四五頁上。）一切剎土，皆不離這一念真心，能念的是這一念真心，所念的也是這一念真心。念佛，原來是念自心。見佛，原來是見自心。

他力不離自力，離了自力，絕無他力。這裡信不及，心存依賴，那就只好繞繞彎子，兜兜圈子，繞來繞去，兜來兜去，究竟還是歸到這裡。這裡是真正的自我，這裡是清淨的法身，這裡生發一切神通妙用，這裡具足一切功德莊嚴。

## 四、以往生為目標

如何是往生淨土？往生淨土，不是從宇宙的這個角落，跑到宇宙的那個角落。若是這樣跑來跑去，那便是宇宙中的一個遊魂，不是往生淨土的智者。

往生淨土，就是借助有為之功，覺悟自心實相本來清淨無染，本來具足萬德。悟到這裡，立足這裡，是名往生淨土。

既然是立足於淨土，那麼，自然是步步蓮花，念念無染。若不知淨土為何物，那就談不上淨土之行。

如何是帶業往生？已經立足於淨土，已經立足於自性，然而，習氣尚在，仍有習氣翻動。立足淨土之故，習氣翻動，不足為害。「各以衣裓，盛眾妙華，供養他方，十萬億佛，即以食時，還到本國，飯食經行。」這便是往生淨土後的修行，這便是「依體起用，攝用歸體」之行，雖有體用二分之跡，然而，總歸不二之法。

如何是「還到本國，飯食經行」？還到本國，即攝用歸體，不住法相。飯食經行，即安住本位，體會實相。飯食，是指法食。經行，是指體會。供養他方十萬億佛，即是供養四維上下，恒沙萬相，借此度脫十方眾生。四維上下，恒沙萬相，乃自性之化現，非離自性而別有。若把「供養他方十萬億佛」，當作向他人獻花。如此之見，已成人我之見，不是佛法。

## 不得往生淨土的原因

念佛幾十年，不得花開見佛，不得往生淨土，原因何在？

### 一、見地不正

諸佛法門，皆是心地法門。諸佛教典，無非指示心源。可惜，今人念佛，不向心念，但向外求。心外求法，即是外道。修習外道，豈能成佛？所以，背道而馳，修行數載，多落邪魔。邪魔者，不在心外，顛倒妄想是也。

阿彌陀佛，究竟是誰？這裡錯了，不得見佛。這裡錯了，不得往生。

阿彌陀佛，屬於七種立題中的「單人立題」，是以阿彌陀佛表不生不滅、無處不在、圓滿無缺、光明遍照的本覺光明。

阿彌陀佛，本覺光明，大地眾生，悉皆具足。經云：「無一眾生而不具有如來智慧，但以妄想顛倒執著而不證得。若離妄想，一切智、自然智、無礙智則得現前。」（《大方廣佛華嚴經》卷五十一。《大正藏》第十冊，第二七二頁下。）又云：「奇哉！奇哉！云何如來具足智慧在于身中而不知見？我當教彼眾生覺悟聖道，悉令永離妄想顛倒垢縛，具見如來智慧在其身內，與佛無異。」（《大方廣佛華嚴經》卷三十五。《大正藏》第九冊，第六二四頁上。）

我們學佛，當信自己具足如來智慧。若不信自己具足如來智慧，則不名信佛。既然自己具足如來智慧，那麼，我們學佛，就是找回自己的如來智慧。若不找回自己的如來智慧，而是向外尋找，那就是以頭覓頭，那就是趣外奔逸。向外追求，錯誤修行，則不得見佛，不得往生。

我們不可誤解了「見佛」。佛是眾生本具的本覺光明，見佛即是見自己的本覺光明，即是明心見性。見性即是見佛，見自己的本來面目即是見佛。若是見到了一個圖像，以為是見佛，是人行邪道，不能見如來。

二、方法不對

佛法知見，如上所說。修證之法，又當如何？經云：「無一眾生而不具有如來智慧，但以妄想顛倒執著而不證得。若離妄想，一切智、自然智、無礙智則得現前。」可見，一切佛法，皆是離妄想的法，皆是離顛倒的法，皆是恢復自性光明的法。持名念佛是離妄想的法，是離顛倒的法，是恢復自性光明的法。持咒是離妄想的法，是離顛倒的法，是恢復自性光明的法。拜佛是離妄想的法，是離顛倒的法，是恢復自性光明的法。持戒是離妄想的法，是離顛倒的法，是恢復自性光明的法。總之，一切佛法，皆是離妄想的法，皆是離顛倒的法，皆是恢復自性光明的法。

執持名號，心念耳聞，綿綿密密，密密綿綿，妄念若起，亦不理睬。蓮池大師云：「句句出口入耳，聲聲喚醒自心。」（《雲棲淨土彙語》。《卍續藏》第六十二冊，第五頁中。）又云：「終日念佛，終日念心。」（《阿彌陀經疏鈔》。《卍續藏》第二十二冊，第六〇六頁中。）又云：「佛即自己，以自心念自己，烏得為外求也。」（《禪關策進》。《大正藏》第四十八冊，第一一〇九頁上。）如是而念，若一日，若二日，乃至七日，一切妄想，自然脫落，自心實相，自然現前。這就是《佛說阿彌陀經》上說的「阿彌陀佛，與諸聖眾，現在其前」。這就是《佛說阿彌陀經》上說的「是人終時」。「是人終時」，不是氣斷命絕時，而是生死輪回終止時，而是顛倒妄想終止時。這時，若能認出這個不生不滅、不垢不淨的本覺光明，即得往生阿彌陀佛極樂國土，即得回歸不生不滅、不垢不淨的本覺光明。

《佛說阿彌陀經》，是直下見佛的法，是直下見性的法。若欲見佛，莫待百年。要見直下見，不見待何時？如今念佛人，多向心外求，多向相上見。著相修行千萬劫，離相修行剎那間。古德云，千劫學佛威儀，萬劫學佛細行，不得成佛。經云，臨命終時（輪回之命終止時），彌陀現前，心不顛倒，即得往生阿彌陀佛極樂國土。何為不顛倒？識得本來真，即名不顛倒。識得本真，即得往生。

三、自不精進

淨土宗行人的懶惰心，是緣於他的依賴心。這個依賴心，又是緣於他的貪便宜的心。貪便宜的人，試圖少用功夫，甚至不用功夫，只要念幾句阿彌陀佛，甚至佛也不要念，只要信阿彌陀佛，待到百年後，阿彌陀佛便來接引，往生西方極樂國土。這種心態與行徑，恰恰與經義相反。經云，執持名號，若一日，若二日，若三日，乃至七日，一心不亂。這便是《佛說阿彌陀經》用功夫的規範。

所謂執持名號，就是打起精神，提起佛號，歷歷分明，持之以恒。這樣念佛，方為執持名號。若是渾渾噩噩、懶懶散散地念，妄想照常打，昏沉照常有。這樣念佛，不是執持名號，也不是一心不亂。

可見，若欲往生淨土，當須執持名號，專注念佛，妄念若起，亦不理睬。如此而念，若一日，若二日，乃至七日，一心不亂，阿彌陀佛與諸聖眾自然現前。正於此時，若能當下認出這個「遍含萬相而一塵不染的」，一肯肯定，不再疑惑，方名心不顛倒。心不顛倒，即得往生阿彌陀佛極樂國土。

學人的依賴心，緣於他對《無量壽經》以下這段經文的錯誤理解。經云：「設我得佛，十方眾生，至心信樂，欲生我國，乃至十念，若不生者，不取正覺。唯除五逆，誹謗正法。設我得佛，十方眾生，發菩提心，修諸功德，至心發願，欲生我國，臨壽終時，假令不與大眾圍繞現其人前者，不取正覺。」（《大正藏》第十二冊，第二六八頁上中。）

《無量壽經》所說的「十念」，不是指「念十聲佛號」，而是指「至心信樂，欲生我國」。欲生我國，便是願生淨土。願生淨土，便是放下娑婆。若能「至心信樂，欲生我國」，便是一心念佛。如是念佛，乃至一日，乃至十念，乃至一念，皆得往生。何以故？有一念相應而得往生者，有十念相應而得往生者，有一日、二日、乃至七日相應而得往生者。一念相應一念佛，念念相應念念佛。孔老夫子也說：「仁遠乎哉？我欲仁，斯仁至矣。」孔老夫子的這句話，也可表述為：佛遠乎哉？我欲佛，斯佛至矣。教下也有云，佛遠乎哉？十方世界，恒沙諸佛，不出當下之一心，一念回機，彼佛至矣。如是回機，如是念佛，是名真念佛。相應為念，自性為佛。與自性相應，是真念佛也。向外喊他，音聲求他，色相見他，是人行邪道，不能見如來。

「至心信樂，欲生我國」。這一句話，切莫錯會。這裡所說的「我」，不是人我相對的

「我」，而是自他不二的「我」，而是「天上天下，唯我獨尊」的「我」。對於這個自他不二的「我」，能「至心信樂」否？對於這個具足萬德的「國」，能「願生至此」否？如是信樂，如是願生，是名真念佛，決定得往生。

世人錯解經義，將「至心信樂，欲生我國，乃至十念，若不生者，不取正覺」這段經文，錯誤地理解為：相信那裡，有個彌陀，相信那裡，有個極樂。如此相信，念他十聲，將來死時，他來接我。有了這個錯誤的認識，有了這個貪便宜的心，念了十聲佛號，便以為百年之後，他來接引，往生那裡。學人不知，臨命終時，不是指氣斷命絕時。往生淨土，也不是指從這裡搬遷到那裡。臨命終時（輪回之命終止時），彌陀現前（圓覺大智，朗然現前），這是行人用功到極處，當下發生的事，而不是百年之後發生的事。

四、妄立門戶

有些淨宗學人，以持名念佛為淨土，若見其他法門，便說那不是淨土。

迷人不知，諸佛所說法，法法指歸淨土，句句指示自性。若不指歸淨土，若不指示自性，則非佛法。《佛說阿彌陀經》是淨土法門，《金剛經》是淨土法門，《佛心經》是淨土法門，《大日經》是淨土法門，《楞嚴經》是淨土法門。諸佛法門，卷卷品品，皆是淨土法門，還有不淨的麼？

迷人不知，禪是佛心，正是淨土。密是佛意，也是淨土。百千法門，無量教化，皆是淨土法門。百千法門，無量教化，皆是指示自性的法，皆是回歸淨土的法。指示自性的法，回歸淨土的法，豈有不淨之理？

或禪或密，或淨或律，名雖有異，實則相同。迷人不知，妄言持名念佛即是淨土，其他法門則非淨土。

還有學人，口雖未說，心中已想。心中已想，即已成妄。起心動念，這是人的內部語言。若人顛倒妄想，即使啞巴，也打妄語。

妄立門戶，是己非他，誹謗不分門派的佛陀正法，豈能往生阿彌陀佛極樂淨土？

《無量壽經》云：「設我得佛，十方眾生，至心信樂，欲生我國，乃至十念，若不生者，不取正覺。唯除五逆，誹謗正法。」永嘉大師亦云：「欲得不招無間業，莫謗如來正法輪。」（《永嘉證道歌》。《大正藏》第四十八冊，第三九六頁中。）

如何是如來正法輪？這個照徹十方的圓覺自性，這個一塵不染的圓覺自性，這個不生不滅的圓覺自性，這個不動不搖的圓覺自性，即是如來正法。以持名念佛為淨土，說其他法門非淨土，已經違了淨土之義，已經謗了如來正法。自心已穢，豈能往生？

徹悟大師讚嘆雲棲大師問答云：「昔有人問雲棲大師云：『參禪念佛，如何得融通去？』大師答云：『若然是兩物，即用融通得著。』噫！旨哉言乎！夫禪者，淨土之禪。淨土者，禪之淨土。本非兩物，用融通作麼？」（《徹悟禪師語錄》卷下。《卍續藏》第六十二冊，第三四三頁上中。）

執持名號，心念耳聞，綿綿密密，密密綿綿，妄念若起，亦不理睬。如是念佛，如是觀音，自性彌陀，當下現前，心不顛倒，當下往生。如此念佛，豈能不禪？蓮池大師云：「自性彌陀，唯心淨土，意蓋如是。是則禪宗淨土，殊途同歸，以不離自心，即是佛故，即是禪故。」（《阿彌陀經疏鈔》。《卍續藏》第二十二冊，第六〇六頁中。）執禪而謗淨土，是謗自心也。執淨土而謗禪，也是謗自心也。若悟禪心，已在淨土。若生淨土，已見禪義。禪即淨土，淨土即禪。不見禪淨實際，妄執禪淨名相，相互攻擊，自名護法，實是謗法也。

參究疑情，是念佛法門，亦名參究念佛。參究疑情，念茲在茲，當下見性，當下解脫。如此參究，豈能不淨？

百千法門，皆是念佛法門。百千法門，終歸極樂淨土。極樂淨土，或曰本然自性，此是諸佛正法輪。諸學道人，切莫毀謗正法。

五、偽造《四料簡》

有些淨宗學人，假託永明延壽大師之名，偽造《四料簡》，貶低禪宗，抬高淨宗，對佛教文化造成了嚴重的破壞。為此之故，我們考查《四料簡》的出處及年代，以說明此《四料簡》不是永明延壽大師之作，為延壽大師正清名，為教界學人樹正見。

永明延壽大師（九〇四－九七五），唐末五代的禪宗高僧，被冠以《四料簡》作者之名，此事由來已久。《四料簡》云：

有禪無淨土，十人九蹉路，陰境若現前，瞥爾隨他去。

無禪有淨土，萬修萬人去，但得見彌陀，何愁不開悟。

有禪有淨土，猶如戴角虎，現世為人師，來生作佛祖。
無禪無淨土，鐵床并銅柱，萬劫與千生，沒個人依怙。

元末明初，僧人天如惟則撰《淨土或問》，最早提出了《四料簡》，並冠以永明延壽大師之名。這是佛教歷史上最早出現的《四料簡》。

至此之後，《四料簡》便被淨宗人士頻頻引用，「明洪武十四年（一三八一），獨庵道衍撰的《諸上善人咏》。洪武二十六年（一三九三），大佑編的《淨土指歸集》。洪武二十八年（一三九五），妙葉撰的《寶王三昧念佛直指》」等等，皆冠以永明延壽大師之名。

永明延壽大師生活於唐末五代，《四料簡》出現於元末明初。從永明延壽大師圓寂，到元末明初《四料簡》的出現，其間大約三百五十年。在這三百五十年間，佛教界所有的典籍，皆無《四料簡》之記載。世上所有的名士，皆無《四料簡》之提及。永明延壽大師的著述中，既無《四料簡》之名，更無《四料簡》之實。這就說明了，《四料簡》是後人的假託之作，是永明延壽大師圓寂三百五十年之後的事。虛雲老和尚也說：「惟我平常留心典章，從未見到《四料簡》載在永明（永明延壽）何種著作中。」（《虛雲和尚全集》，中州古籍出版社二〇〇八年版，第三五一—三五二頁。香港荃灣三疊潭《香海慈航叢書之一：五十三參禪語錄》，岑學呂原編《年譜》，皆有記載。）

希望讀到這部分內容的同仁，不要再借冠以永明延壽大師之名的《四料簡》抬高淨宗，貶低禪宗。何以故？淨宗與禪宗，乃至其他宗派，皆是不分教派的佛陀正法的方便法門。法門無高低，當機為方便。引人入正覺，究竟得解脫。

# 持名念佛的修法儀軌

## 一、皈依

南無本師釋迦牟尼佛（三稱）

南無極樂國土阿彌陀佛（三稱）

南無大勢至菩薩（三稱）

南無觀世音菩薩（三稱）

南無清淨大海眾菩薩（三稱）

## 二、祈請

諸佛菩薩，慈力加被，消我業障，令我安心入佛，虔修淨土法門，早日成就，救度眾生。（一遍）

## 三、持名念佛

結跏趺坐，結法界定印，念彌陀聖號，一小時，或二小時。時間長短，據情而定。一旦確定，就要每天如此。若有時間，偶爾亦可以打坐三個小時，或四個小時。打坐時，腿若很難受，也可換換腿，以緩解腿的難受。換腿時，手印不開，佛號不停。

下座之前，停下佛號，默然而坐。此時，佛號已過，妄念未起。正於此時，反觀體察，這了了常明而又一塵不染的，究竟是個什麼？（時間長短，隨緣而定。）

## 四、下座

合掌，回向：願此生速開智慧，得見彌陀，救度眾生，不求餘果。（一遍，下座）

補充說明：

大勢至菩薩，表念佛法門。觀世音菩薩，表觀音法門。把兩位大菩薩結合起來，就是念佛觀音，觀音念佛。也就是說，在念佛的時候，觀自己念佛的聲音。借助於這個念佛觀音的方法，用來隔斷我們的妄心。我們如此而念，如此而觀，就能進入念佛三昧。進入了念佛三昧，憑著我們的正知正見，就能證得自己的本來面目，所謂「花開見佛」、「往生淨土」是也。

認定「是心作佛，是心是佛」，認定此心與十方三世諸佛無二無別，虔心修法，只為明心，或曰見佛，成就佛道，救度眾生。

座上要求：手印不開，綿密念佛，妄念若起，亦不理睬。持名念佛，如蓮池大師所說：「句句出口入耳，聲聲喚醒自心。」如省庵大師所說：「念彌陀佛貴專精，念到功深念自純。念念圓明真性體，聲聲喚醒本來人。」（《省庵法師語錄》。《卍續藏》第六十二冊，第二五二頁下。）一元大師云：「西方宏誓廣流通，一句彌陀好用功，歷歷分明無間斷，聲聲喚醒主人翁。」（《蓮修必讀》。《卍續藏》第六十二冊，第八四八頁下。）持名念佛，以「金剛持」為主。若有昏沉或散亂，可以出聲念，直至把昏沉散亂驅散。

座下要求：時時觀照，不跟境界跑。隨緣應事，空心無住。如此修行，即為用功。久而久之，自然能夠打成一片。待得機緣成熟時，或磕著，或碰著，或見色，或聞聲，便能豁開正眼，得見彌陀。此時方知，諸佛祖師，千言萬語，只是說了個「原本的真實」。

親見彌陀之後，或曰親證自性後，勤除習氣，普利群生，這便是往生淨土後的修行，亦名悟後的修行。如此修行，直至圓滿成佛。

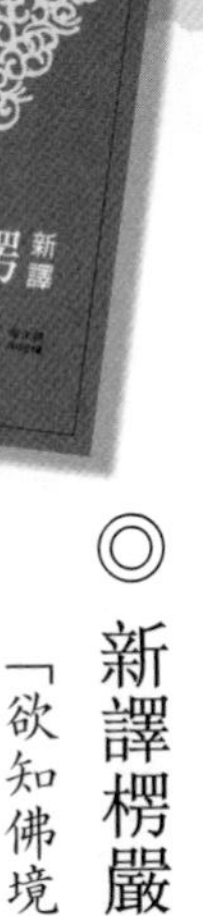

## ◎新譯楞嚴經

賴永海、楊維中／注譯

「欲知佛境界，當讀華嚴；欲知佛智慧，要讀楞嚴。」《楞嚴經》是一部大乘佛教的單譯經，素有佛教全書之稱。經中說明宇宙原理、人生真相，展示世界、眾生業果相續的主要原因，以及教導眾生返妄歸真、覺悟成佛的方法；尤其經中有關觀世音菩薩的說法，在佛教信眾之中，影響至為深遠。本書以文學及佛學角度譯注《楞嚴經》，為坊間所少見，研讀佛教經典者切不可錯過。

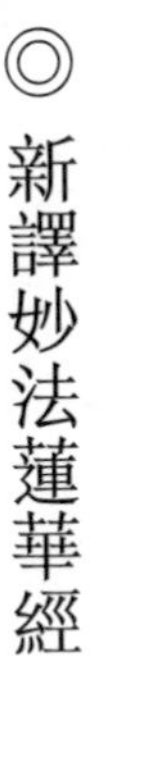

## ◎新譯妙法蓮華經

張松輝／注譯

《妙法蓮華經》，簡稱《法華經》，旨在提倡三乘歸一，以大乘調和，融會小乘。經名中的「妙法」，是說這部經的法義微妙無上，體現了最高佛旨；「蓮華」即「蓮花」，比喻經義純潔無瑕，如蓮花居塵不染。它善用譬喻，形象生動，不僅是一部思想深邃的佛學著作，而且還具有濃厚的文學色彩，對許多宗派和東亞佛教都有鉅大影響。本書根據鳩摩羅什所譯版本加以注釋、語譯和導讀，是閱讀和理解《法華經》的最佳選擇。

## ◎新譯金剛經

徐興無／注譯

《金剛經》全名為《金剛般若波羅蜜經》，意為「憑藉金剛一般堅固鋒利的大智慧到達涅槃彼岸」，中國佛教的重要宗派都把它當成主要的習誦經典。它既是大乘般若學說的入門途徑，又是般若學說的最深堂奧，啟示了獲得大智慧、度脫生死此岸的最高境界。本書採用鳩摩羅什的漢譯本，配合淺顯易懂的注釋和語譯，以及書後附錄的《心經》及《金剛經》玄奘譯本以供對照，使讀者透過古代宗教經典的外在形式，汲取人類文明的精華，體會永恆的智慧和真理。

◎新譯釋禪波羅蜜

蘇樹華／注譯

《釋禪波羅蜜》，全名為《釋禪波羅蜜次第法門》，是天台宗開宗祖師智者大師講述禪定修行的重要著作。有別於禪宗「直指人心，見性成佛」的「頓悟禪」，智者大師強調的乃是「次第漸修，循序漸進」的「漸修禪」。《釋禪波羅蜜》一書即在「解釋禪修的具體方法，以達覺悟彼岸」。書中透過各種禪相的說解，以及可具體實踐的修禪方法，讓修習佛法的人能夠循序漸進，深刻體會佛法的精髓，堪稱是一部「禪修百科全書」。由於其法門龐雜和法相細密的特點，在研讀上有一定的難度。本書注譯者基於多年的禪修經驗與佛學見解，透過章旨、注釋、語譯及說明四部分，深入淺出的說解，幫助讀者全面了解《釋禪波羅蜜》。

三民網路書店 會員

獨享好康大放送

通關密碼：A1728

憑通關密碼

登入就送100元e-coupon。

(使用方式請參閱三民網路書店之公告)

生日快樂

生日當月送購書禮金200元。

(使用方式請參閱三民網路書店之公告)

好康多多

購書享3%~6%紅利積點。

消費滿350元超商取書免運費。

電子報通知優惠及新書訊息。